经济世界里的
十万个
为什么

马口铁 —— 著

推荐序

第一次读到《经济世界里的十万个为什么》书稿,就被这个话题和内容深深吸引了。作者从财商教育的角度,用贴近生活的故事场景、通俗易懂的语言,向青少年普及经济学知识。真是太好了!因此我欣然提笔,为这本书做一个推荐。

我的人生经历中,曾经和青少年财商教育有过一段不解之缘。从2009年开始,我在离开工作了多年的金融机构后,用了一年多的时间研究青少年财商教育,并且开发了几款财商教育游戏和课程。我当时还成为《富爸爸,穷爸爸》的作者罗

伯特·清崎所发明的"现金流"游戏的上海区总代理。早在2001年,我在香港大学念MBA的时候,接触了到"理财师"这个当时崭新的职业。因此后来我一边在金融机构工作,一边和我的合伙人一起创立了"RFP中国"(RFPI China),将美国的RFP(Registered Financial Planner,美国注册财务策划师)资格认证体系引入中国地区,开始了专业金融理财教育的拓荒工作。而进入财商教育这个领域,是想着"理财教育要从娃娃抓起",开始一种尝试。

但是到了2010年,我还是决定放弃财商教育的市场,专注于RFP认证的推广。

一方面的原因是,我发现在当时青少年财商教育看上去很美,但生存并非易事。因为孩子们从进入小学开始,就被"高考"这一指挥棒驱使,只有对高考有加分的课外学习,例如艺术特长、体育特长、奥数竞赛等,才是家长愿意为孩子投入时间和金钱的领域。另一方面的原因是,国内迎来了理财师行业发展的最佳时机,我实在无暇分身。不过,我当时发明的《理财人生》游戏,后来一直成为RFP中国指定的财商教育工具,有成千上万的理财师参加了"注册财商导师"的课程与认证。

其实,我国对于青少年的财商教育,一直存在严重的缺失。课堂上学不到,家

长也缺乏理财意识和指导能力，导致这些年由于缺乏财商，很多青少年在校园里参与网购、网贷，过度消费，过早成为月光族、卡奴，甚至出现裸贷、暴力追债、被逼自杀等恶性事件，还有些人卷入金融诈骗案。因此，帮助青少年获得全面的金融知识和技能，培养正确的财商理念，树立正确的财富观，对个人、家庭及社会都有极大的意义。

财商包括了理念、知识、行为三个层面。一个人财商理念形成的最好时间是青少年时期，正确的财商理念是孩子们一生的精神财富。而经济学是财商教育非常重要的知识基础。现在的青少年，生长在一

个物质丰富、信息传播快的时代，从小就和金钱打交道，并且通过各种途径，看到各种经济现象。如果能让他们及早接触基本的金融知识、经济常识，了解经济的运行规律、金融工具的作用，对于正确的世界观、价值观、金钱观的形成，将起到积极的促进作用。

　　本书对于青少年来说，是一本非常不错的财商启蒙读物。作者将原本深奥的经济学知识点，通过生活中发生的小故事引出来，用通俗易懂的"老爸有话说"进行解释，最后再用"财商小课堂"的方式指导读者的行为。即使是小朋友，也能很容易读懂、理解。书中运用现实生活中发生

  的真实案例，帮助青少年掌握经济规律，了解金融工具的价值和作用，理解身边发生的经济现象。

  作者希望通过潜移默化的方式，慢慢影响青少年的价值观，推动财商的养成，达到润物细无声的效果。因此，我觉得不光是孩子们应该读一读，父母们也应该好好读一读这本书，才能给到孩子们启蒙和指导。

RFP国际注册理财师学会中国区总裁　梁辉

二〇二二年十一月十五日

登场人物介绍

Judy: 古灵精怪的小学生,喜欢书籍、文具和美食。尽管手头的零用钱不多,但每每路过新开的商店却忍不住好奇,想进去逛一逛。由于总觉得自己零用钱不太够用,所以常常会变着法儿地向老爸老妈申请涨零花钱。

Judy爸爸: 忙碌的公司职员,不过即便工作再忙,也会挤出时间陪伴Judy,热衷于在日常生活中向Judy科普各种经济学小知识。对于Judy提出的各类与"钱"相关的问题,都会不厌其烦地一一解答。

Judy妈妈: 医院护士,关注孩子成长过程中的方方面面。勤俭持家,擅长理财,善于采购家中各类所需物品,常常带着Judy一起逛街购物,希望为Judy创造一个寓教于乐的成长空间。

Judy奶奶: 退休在家,照顾Judy的饮食起居。负责家中一日三餐,烧得一手好菜。"刀子嘴豆腐心",常常因为Judy调皮捣蛋而操心,但对Judy的疼爱却始终有增无减。

目 录

第一篇　货币　/　001

　　小小银行家 003
　　利息是怎么来的 012
　　降息啦 019
　　信用的力量 027
　　被调包的鱼 035

第二篇　价格　/　043

　　公益集市 045
　　排长队的猪肉店 053
　　集市上的果子 061
　　汉堡店的礼物套餐 068
　　姨妈的名牌包包 075
　　万物皆可元宇宙 084

第三篇　消费　/　091

　　万事都可 AA 制 093
　　社区食堂 099
　　鱼的不同 105
　　消费券 113
　　爸爸你好有钱 120
　　不要钱的米 127
　　新开了家饭店 134

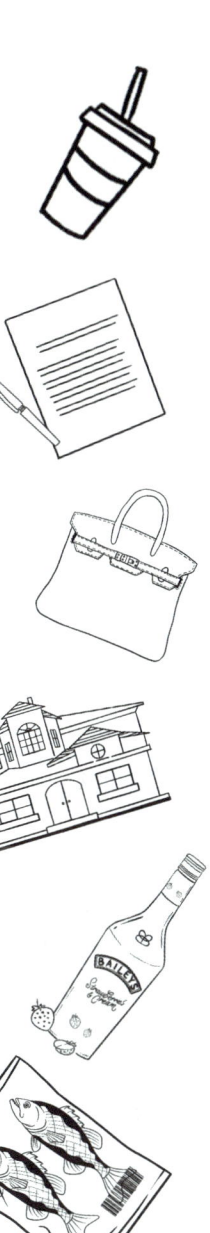

141 / 第四篇 成本

- 143 ········ 又关了一家店
- 149 ········ 排队
- 155 ········ 抢车位
- 161 ········ 我要住别墅
- 167 ········ 便宜的民宿
- 174 ········ 飞机还是高铁

181 / 第五篇 资源

- 183 ········ 理发店打擂台
- 190 ········ 跳绳比赛
- 196 ········ 油价涨了
- 203 ········ 同学家的充电桩
- 210 ········ 垃圾要分类

215 / 第六篇 投资

- 217 ········ 买基金
- 224 ········ 送报纸
- 231 ········ 股市大跌
- 237 ········ 汽车保险
- 244 ········ 排队会上瘾
- 251 ········ 不吃亏的余额宝

第一篇 货币

小小银行家

"老爸,你回来啦,我都等你好久啦!"爸爸还没进门,耳朵里就传来了Judy的声音,"今天有件非常重要的事情要和你说哦。你必须得答应!"

"什么事情这么重要啊,是奶茶降价了还是面包店开张了?"爸爸问。

"奶奶说只要在马路对面的银行存款超过1万元,就能成为他们的'小小银行家'啦。"Judy认真地回答。

"原来是这个'银行家'啊。没问题,我和妈妈一定全力支持!"爸爸轻松地比了个"OK"的手势。

"可是……爸爸,我们能多存一点

经济世界里的十万个为什么

钱吗？"Judy顺手接过爸爸的背包，接着问道，"1万元只能获得'顾问银行家'，可是我想当'助理银行家'，需要存3万元。"解释完这些，Judy睁大了眼睛，用渴望的目光望着爸爸。

爸爸挠了挠头说："我觉得没有你说得那么简单吧？是不是有什么特别的奖励等着你啊？"

Judy不好意思地笑了："被你看穿了耶。不同级别的'银行家'对应不同的礼品，其中就有和动漫相关的限量卡牌和玩偶呢。反正你们的钱存在哪里都是存，就支持我当'银行家'吧？"

"哈哈，我一猜就猜中了你的心思！那你知道什么是货币吗？"爸爸问道。

Judy一脸疑惑地摇了摇头。

第一篇　货币

"连'货币'是什么都不知道的话,可当不了'银行家'哦?"

"我这就去上网搜索,五分钟内给你答案。如果答案正确,那你和妈妈可一定要帮我存钱啊!"话音刚落,Judy就一溜烟儿跑进了书房。

"小小银行家"是银行网点针对未成年人推出的一项理财教育活动。孩子们只要在家长的协助下前往银行网点完成开户并存款,就能参加这项活动。银行会根据存款金额的不同,授予参与者相应的"小小银行家"称号。借助颁发"小小银行家"荣誉和对应的奖品这一方式,实现了对社区居民的财商教育,同时也为银行争取到了更多的存款收入。

经济世界里的十万个为什么

货币俗称钱，是社会和家庭生活中必不可少的重要组成部分。日常生活中的衣食住行几乎处处都离不开货币。要想获得货币，最常用的方式就是付出劳动或者出售商品。这就好比同学们玩网络游戏，完成一定的任务或售出特定的游戏装备就可以获得相应的任务币。两者不同的是，货币通用于整个社会，而任务币只能在游戏内流通。

在没有货币的古代，人们只能以货易货，常常因为交换不便而饱尝艰辛。游牧民族生活在草原，需要棉布御寒和铁器防身。农耕民族盛产稻米，但矿产资源又十分稀缺。渔猎民族靠水吃饭，常常为没有木材造船而苦恼。生活在不同地区的人们靠着

第一篇　货币

货物交换来实现丰衣足食。

可古人在交换时，常常会因为找不到合适的对象而烦恼。今天有人想用木柴去换兽皮，可是走了好久都没找到有兽皮的人，不得不扛着木柴再走回去。明天有人用谷子去集市换盐巴，可是交换时遭遇了暴雨，结果谷子和盐巴都泡了水。不但如此，交换的东西并不总是对等的，比如用一头牛去换一只木碗就显得太不划算了。这样的情况几乎每天都在发生，大家虽然感到不便，但也没有其他的办法。直到有一天，有个聪明人在溪边发现了很多好看的贝壳。他想，如果用贝壳做成项链或许也能换点什么。于是，靠着制作贝壳项链，他陆续换回了不少自己需要的物资。可没想到的是，很多换到项链的人转身又用项链去换了别的东西。看到好看的项链很容易就可以换到各种东西，于是集市上的人就改变了交易规则，每个人都选择先把自己的货物换成项链，然后再拿着项链去换自己想要的货物。

可是，因为集市上货物多项链少，于是大

经济世界里的十万个为什么

家就去海边找来了更多的贝壳。并且，为了便于交换，贝壳也不再被做成项链，而是直接用来交易。大一点的贝壳换到的东西就多，小一点的贝壳换到的东西就少。于是，货币就诞生了。正因为最早的货币是由贝壳而来，所以现在很多和财富有关的字都含有"贝"，比如："贵""贫""货""资""贼"等等。贝壳货币虽然小巧，方便携带和计数，但也容易损坏，且数量有限。为了防止不小心被压碎，人们又开始寻找更合适的材料来制作货币。随着国家和王朝的出现，产生了用金属做成的货币，金、银、铜、铁都相继成为制作货币的材料。这些货币不但有统一的大小标准，而且往往会铸有官府的印记。虽然解决了有人去海边捡贝壳偷偷发财的问题，可也埋下了后来金属不够用的隐患。

第一篇　货币

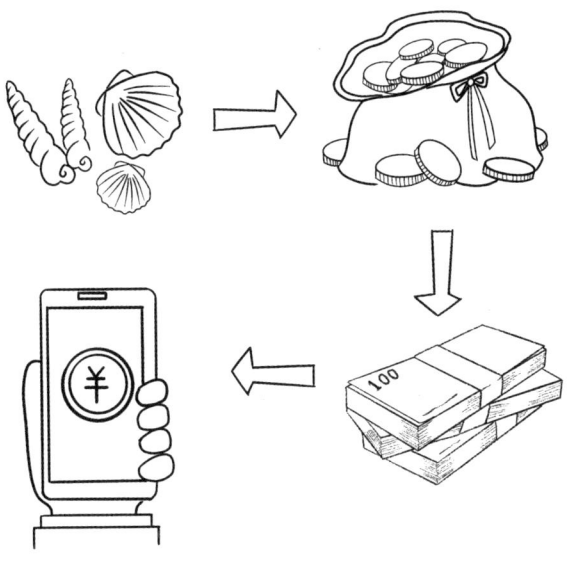

在今天的中国，货币的质地又发生了很大的变化，硬币（也就是金属币）、纸币、数字人民币都是我们经常会使用的货币。随着微信、支付宝等电子支付手段的兴起，同学们接触实物货币的机会越来越少。但无论如何变化，货币将永远伴随着我们生活的每一天。

经济世界里的十万个为什么

因为日常生活或工作学习都离不开货币,所以同学们需要尽早了解货币的概念。想要深入了解货币是什么,去银行开立一个属于自己的银行账户或许是个不错的选择。带上户口簿、身份证、监护关系等证明材料,和爸爸妈妈一起到银行开设一个自己的账户吧,以后的压岁钱、零用钱等货币就都可以存入自己的银行账户啦。

当然也要提醒一下各位同学,存款业务没有最低金额限制,大家千万不必为了获得"小小银行家"荣誉和奖品而借钱存款。因为这样就违背了从小培养自身储蓄和理财意识的这一初衷。

开立银行账户只是帮助同学们了解货币概念的一种方式。平时在家里,我们也可以和爸爸妈妈一起开展一些和货币相关的游戏活动。比如每天向爸爸妈妈申请一些随机任务,完成后可以赢取类似游

第一篇　货币

戏卡牌中的货币作为奖励。一段时间后，同学们可以凭借所拥有的游戏卡牌货币去向爸爸妈妈兑换真实场景中的某物。借助小游戏能够让大家对货币作为一般等价物在物品交换中起到的作用有更清晰的认识。尤其值得注意的是，我们需要意识到货币不能凭空取得，只有付出某种努力，才能拥有真正属于自己的货币。

利息是怎么来的

一回到家,爸爸就看到Judy正拿着银行卡在端详。

"老爸,问你个事儿。今天我的银行账户里收到了一笔小钱哦,奶奶跟我说这是我的存款利息。如果只要存钱就能从银行收获利息,那么银行用来给大家发利息的钱又是怎么来的呢?"Judy疑惑地问道。

爸爸没有直接回答Judy,而是提问道:"那你知道银行是怎样赚钱的吗?"

"嗯……该不会是存款吧?"Judy有些迷茫。

"哈哈,当然不是,但和存款有着

第一篇　货币

密切的关系。这个业务就是贷款，也就是说，银行会把大家存进来的钱再借给需要用钱的客户。通过向企业或者个人发放贷款，银行就能够收到大量的贷款利息，这样你的存款利息才会有着落呀。"说完，爸爸轻轻刮了一下Judy的鼻子。

Judy抬起头，感叹道："以前我一直以为银行就是帮大家保管钱的。今天知道存钱还能收到利息就已经很开心了，没想到他们居然还能从中赚钱啊！"

爸爸笑着说："存款和贷款都是银行的重要业务。你存在银行的钱不仅可以产生利息收入，还能帮助到很多急需用钱的人。等你以后再多学点经济学知识就自然明白啦。"

经济世界里的十万个为什么

所谓利息,就是银行对存入的钱给出的报酬。存款的时间越长、金额越多,那么存款利息也就相应越多。大家收到了存款利息才会产生更大的兴趣把更多的钱存入银行。同样地,有些企业或个人需要钱,银行就可以从海量的存款中拿出一部分借给他们。作为回报,贷款人则需要定期支付贷款利息给银行。不同银行可能会给出略有不同的存、贷款利息,所以根据自身需求挑选一家合适的银行也是非常重要的哦。

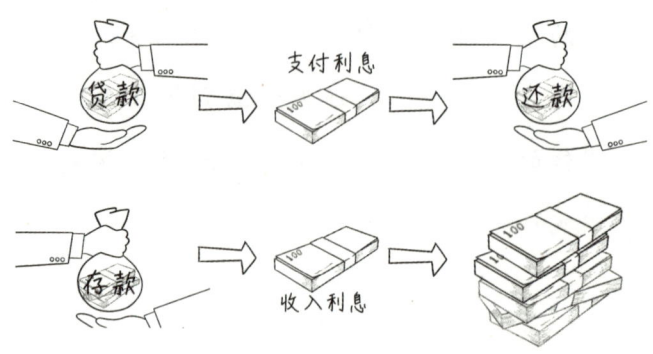

第一篇　货币

存款可以赚取利息，贷款需要支付利息，那是不是意味着大家都应该存款而不要去贷款呢？其实不然，因为存款和贷款都属于经济活动中的重要环节，只要是合理的就不存在好坏之分。那怎样才是合理的呢？举例来说，Judy家前几年购买新房子时还差了不少钱，于是就借助银行的贷款支付了剩余的房款。虽然需要为此支付一笔贷款利息，但却可以让全家人提前很多年住上宽敞明亮的大房子。因此，从这个角度来说，贷款就是合理的。同时经过计算，Judy爸爸妈妈每个月的收入扣去给银行的还贷金额，并不会影响家里的正常开支，所以这种贷款行为就值得肯定。当然，尽管Judy家在银行有贷款需要每月按时还款，但他们同时也是银行的存款客户。Judy爸爸妈妈每个月的工资收入扣除支出后全部都存入了银行，这也会产生一部分的存款利息

经济世界里的十万个为什么

收入。虽然存款利息收入并不是太多,但积少成多也能为家庭财富的增加做出贡献。经过商定,Judy爸爸妈妈打算等账户中的存款达到一定金额后,就提前把住房贷款还掉一部分。

通过上述这种方式,Judy家合理高效地让货币产生了更大的利用价值,并且还提高了家庭生活质量。对于银行来说,存款和贷款这两种业务都非常重要,缺了任何一种都不行。存款太多贷款太少,银行的利润就会减少;存款太少贷款太多,则会出现部分客户贷不到钱的情况。这就是银行一边发展存款业务,一边又同时发展贷款业务的原因。另外,有同学可能会担心:如果银行没把钱贷出去,那自己存在银行的钱还能收到利息吗?其实,这种担心完全没有必要。因为我们在存款时就相当于和银行签订了协议,无论银行是否有贷款客户,相应的利息都一定会根据约定支付给大家。哪怕有时贷款客户不能按时还款,也不会影响存款人的利息收入。这种约定的背后,有政府的全程监管,即便有

第一篇　货币

部分银行经营不善无法支付利息,也有相关的法律法规确保我们的利益不受侵害。

知道将钱存进银行可以收获利息后,同学们一定想尽快在自己的账户里也存上一笔钱吧?平时很多同学都会在过年时收到压岁钱,可这笔钱通常都是由爸爸妈妈代为管理。现在,同学们有了自己的银行账户,就可以请爸爸妈妈帮忙把压岁钱直接存进自己的账户里,并且选择一种合适的存款类型,这样银行就会定期给同学们发放利息啦。

经济世界里的十万个为什么

那么,存款有哪些类型呢?现在银行开办的存款业务包括了活期、定期和通知存款三大类。活期存款可以随时支取,定期存款根据时间长短分为1年、2年、3年和5年不等,通知存款在支取时则需要提前几天进行预约。如果有些同学,通过历年的积累已经拥有了一笔数额不小的存款,那么也可以向银行提出办理大额存款业务,这样就可以获得一笔额外的大额存款利息。收到的利息既可以作为同学们平时的零用钱,也可以作为存款的增加部分,继续"钱生钱",这样爸爸妈妈也就不用担心我们乱花压岁钱啦。

降息啦

"老爸,我们家的房子有贷款吗?"Judy大剌剌地拍了拍正在洗碗的爸爸。

"有啊,是因为新闻里说降息的事情所以才问的吗?"

"对呀,那我们可以少还多少钱呢?"Judy好奇地问道。

爸爸一边洗碗一边回答:"因为我们家已经还贷好几年了,所以具体数字计算起来有些复杂。先粗粗估算一下,大概可以省下几万元的利息吧。你不会又惦记让老爸请客喝奶茶了吧?哈哈哈。"

Judy的眼睛瞬间闪现了亮光:"这

经济世界里的十万个为什么

么容易就省下了几万元，看来降息还是不错的嘛。"

爸爸打趣地说："我记得某人在银行可是刚存了钱呢，降息对于有贷款的人来说是好事，但对于有存款的人可就不一定喽。"

"唉，有得必有失嘛，哈哈。不过老爸你刚刚说的'请客'我倒是举双手赞同。要不待会儿喝奶茶的时候，你再给我讲讲降息的事？"Judy一边回答，一边捂着嘴偷笑。

现在多数贷款买房的家庭会选择"LPR利率"这一市场化利率来进行还贷，因为LPR利率会根据市场供需关系变化而上升或下降，所以"利率"的高

第一篇 货币

低变化也成了还贷家庭最为关心的事情。因为只要银行发布"降息"的消息,就意味着有贷款的家庭可以为此减少每年的利息支出。一般来说,银行会在每年年底公布第二年执行的住房LPR利率,得知了最新的贷款利率,大家也就能估算出可以省下多少利息了。

经济世界里的十万个为什么

　　利率是银行用来帮客户计算资产变动情况的比率,可以分为存款利率和贷款利率两大类。比如Judy在银行存了1万元,存期选择为1年,1年期存款利率为1.5%。根据利息=本金×年度数×利率的公式,Judy一年的利息收入就是10000元×1年×1.5%=150元。借助利息计算公式,大家就能很方便地计算出自己的利息金额啦。

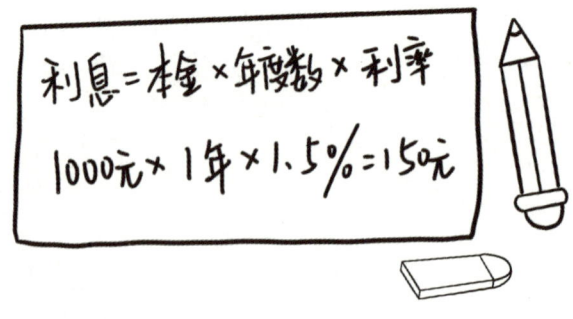

第一篇　货币

上述例子中的存款利率为年利率,是指一年的存款利率。将年利率除以12个月,就变为了月利率。

利率就像是把双刃剑,像Judy那样把压岁钱、零用钱存入了银行,并且选择了活期存款的方式,那么自然希望利率越高越好。因为利率越高,获得的利息收入也就越多,不知不觉中就能为自己多买好几份奶茶和比萨。但是利率如果太高了,对于有购房贷款的爸爸妈妈来说可就要吃不消了。因为每个月增加的利息开支,可能损失了几十上百杯的奶茶。爸爸妈妈们还天天盼望着利率下调,好为家里多添置几件电器呢。所以,无论是升息还是降息都会有人高兴有人愁。如果同学们不希望自己的存款利率常常发生变化,那么也可以选择直接办理定期存款,与银行在存款时事先约定好期限和利率。

经济世界里的十万个为什么

利率的变化不仅会对个人家庭产生影响，同时也会对企业产生影响。举个例子，奶茶铺为了得到更好的发展，准备向银行申请贷款。依靠这些借来的钱，奶茶铺租到了更好的铺位，买到了更好的设备，研发出了更好喝的奶茶。新品奶茶一经推出就深受欢迎供不应求，奶茶铺一天赚的钱是过去的三倍。同时，银行宣布降低贷款利率，奶茶铺的贷款利息一下子减少了很多。很快，奶茶铺就用赚来的钱还清了银行的贷款。银行的贷款利率降得越多，企业省下的贷款利息也就越多，这些省出来的钱就可以用在今后的企业发展上。

或许有同学会认为自己现在的钱不多，利率变化影响不大，最多也就是少喝几杯奶茶的事情。但想想，经过日积月累，十年下来也许就能为大家增加一部手机。而且，同学们的资金并不会始终只有这一点点，随着年龄增长，很快我们就会通过工作拥有收入。而越早开始理财，就越能积累更多的财富。同样一笔钱，放在钱包里没有任何的收益；放

第一篇　货币

进活期账户里,存款利率就是0.35%;放进定期账户里,一年期存款利率就是1.5%。当我们拥有的不是100元、1000元,而是50000元的时候,银行还能给出收益更高的大额存款利率。所以想想看,在过去没有通过存款来理财的时候,同学们已经损失了多少杯奶茶?

经常有同学抱怨自己的零用钱太少不够花。其实,学懂了利率,我们就可以借助经济学知识提前购买某件商品啦。比如购买零食需要贷款10元,爸爸妈妈给出的贷款利率是10%,也就是要付出1元的利息。但如果是要购买书籍或者文具,我们就可以申请用更低的利率甚至是零利率来获得这笔贷款。由于事关学习,爸爸妈妈自然也就更容易答应啦。因为对于爸爸妈妈来说,通过设置利率和预算概念可以帮助同学们尽早树立财商意识。

经济世界里的十万个为什么

当然,我们还有一种更巧妙的方式:给每笔贷款建立相应的账目,并通过完成某项任务来进行偿还。设置的任务可以是家务活,可以是体育运动,也可以是考试达到一定的成绩标准,等等。根据特定的借款目的或特定的借款时间,可以设置单独的利率或任务。借助这种"浮动利率"的方式,不仅可以让孩子充分理解利率的含义,还可以给家庭生活增添更多的趣味。

信用的力量

"老爸,你说为什么钱能够值钱?"爸爸一进家门就看到Judy正在客厅里来回踱步,"明明只是一张白纸,印了图案和数字居然就能在商店里买50元、100元的商品,真的太神奇啦。"

"更奇怪的是,你把同样的图案文字画到白纸上却连1元钱的商品都换不到,对不对?"爸爸掏出一张百元大钞说道,"其实,你是想问为什么纸可以值钱吧。"

"就是就是!我知道古代是用金银来作为货币的,那至少金子、银子还是很值钱的。可现在用纸来做货币,感觉

· 027 ·

经济世界里的十万个为什么

也太不靠谱了吧。"

"那你认为为什么大家都愿意接受纸币呢？"爸爸晃了晃手中的百元大钞，"看看纸币上是不是有个国徽？国徽代表了国家，纸币之所以值钱，就是因为国家在用'信用'来为纸币进行担保。"

"那国家如果每天印很多很多的钱岂不是可以发财啦？"Judy好像找到了一条生财之道。

"国家印钱的时候可没你想的那么简单。为了防止国家信用受到损害，对于货币的管理也是最为严格的。"

在古代之所以金银可以值钱，是因为金银可以制作出各种工艺品，供达官贵人赏玩使用。但采用金银做成货币也

· 028 ·

第一篇　货币

会产生携带不便、计算困难等问题，所以纸币也就应运而生了。但缺乏使用价值的纸币常常让人们不敢接受，于是国家就用自己的信用来担保纸币的价值。

经济世界里的十万个为什么

信用是经济活动中依附在人之间、单位之间、商品交易之间，基于契约关系形成的一种彼此信任的生产关系和社会关系。拥有良好信用的一方往往可以比缺乏信用的一方更受大家的欢迎。银行因为拥有信用，所以大家愿意把钱存入银行进行理财。Judy家因为拥有信用，所以能获得银行的贷款。同样的道理，国家凭借信用还可以发行货币来维系社会的正常运转。虽然印刷货币的白纸价值很低，但人们还是愿意按照货币面值来进行商品交换，这就是信用的力量。

虽然拥有了信用，白纸就能够变成货币，但并不是所有的信用都可以产生这样神奇的作用。

第一篇　货币

Judy的信用可以在家庭和班级的范围内流通。商铺的信用可以在集市和消费者中间流通。但唯有国家的信用才能在全社会范围内流通。这也是大家都认可和接受纸币的原因。每个拿到纸币的人不会担心用不出去，更不用惧怕纸币的价值不被认可。因为每个人都知道国家强大的经济实力就是货币信用背后的强大支撑。货币拥有了信用，可以生生不息地交换流通，甚至还能漂洋过海在全世界范围内得到认可。

在现实生活中，信用不仅是种感觉、是种力量，更是一种资源。比如Judy妈妈去商场买东西，打算骑共享单车前往。凭借着良好的信用，妈妈可以不用支付押金就租借到一辆单车，信用为妈妈提供租借车辆的担保。除了共享单车，生活中的充电宝、共享雨伞、宾馆住宿等都可以靠信用来免除押金。平时及时在网上支付的各类账单都可以为我们累积App里的信用积分。这些信用积分越多，大家在生活中享受到的便利就越多。

经济世界里的十万个为什么

所以大到国家，小到个人，信用都是无比珍贵的东西。失去了信用，也就失去了社会和他人的认可。在新闻里，同学们时常会听到"信用破产"这个名词，说的就是有人失去了别人的信任。因为说过的话或做过的事和自己的承诺完全背离，进而整个社会都认为此人没有信用。失信人员，不仅需要面对法律的惩罚，还会在社会上寸步难行。

第一篇　货币

想要在老师、同学、家长心中建立起自己的信用，并不意味着事事都要完美无瑕，稳步前进、言出必行才更能获得大家的认可。要想佩戴上信用这枚徽章，可以先和爸爸妈妈约定5个进步小目标。每周回顾一次目标的完成情况，连续一个月都做到了，自然也就更容易获得家长的认可和奖励啦。还等什么，抓紧时间赶快行动，获得信用就从家里开始吧。

有了信用要奖，失去了信用自然就该罚。如果有同学违背信用，爸爸妈妈也可以根据事先的约定予以惩罚，这也是帮助大家培养守信习惯的一种方法。或许有些同学并不认同这个观点，但事实上，拥有社会信用的人，一定会获得相应的时间、经济、精神等资源的奖励。反之，就会受到社会和法律的惩罚。所以，培养守信观念，先要在家庭中适

经济世界里的十万个为什么

度模拟出社会中针对守信与失信的奖惩环境。同学们可以邀请爸爸妈妈一起来参与信用之约。大家分别制定各自的信用目标,互相监督执行。

被调包的鱼

"老爸,今天奶奶买鱼时被人调包了,一直在生气呢!"爸爸刚到家,Judy就赶紧拉住爸爸咬起了耳朵。

"对方承认了吗?菜场是怎么处理的啊?"爸爸悄悄看了一眼厨房中奶奶忙碌的背影。

Judy把爸爸拽到一边,小声地说:"是菜场门口的路边摊,回头去找的时候人已经不见了。所以奶奶一直很生气,我觉得你要去劝劝她。"

"这些人干点什么不好!赚黑心钱不说,还把其他的摊贩也坑了。"爸爸愤愤不平地说道。

经济世界里的十万个为什么

Judy 点了点头，但又似乎没听明白："你是说这鱼贩子还骗了其他的商贩吗？"

"你想啊，奶奶选择在路边摊买鱼，是不是因为既方便又便宜？"

Judy 连连点头："没错，很多老人都喜欢去路边摊买菜买鱼。"

"但是，如果这些路边摊里总有人想投机取巧，隔三岔五地赚黑心钱，那以后还会有人愿意去路边摊消费吗？"爸爸问道。

"肯定不愿意啊，换了我一定就不去了。"

爸爸："所以呀，路边摊今天有人偷偷调包商品，明天有人短斤少两。很快附近居民都不会去路边摊买菜了，是

第一篇　货币

不是？"

Judy："是的，不过这样也挺好呀，正好可以惩罚这些黑心商贩。"

爸爸摇了摇头："可是，并不是所有的路边摊都是黑心商贩。那些正经商家以后的日子可就难过了。"

Judy拍了拍脑袋："哎呀，那可怎么办？"

"所以啊，这个就叫'劣币驱逐良币'。黑心商贩可以得逞一次后就偷偷溜走，另起炉灶。而那些想好好做生意的正经商家却会被他们连累而信誉受损，影响了生意。"

在菜场买菜，是家家户户日常生活的真实写照。尽管近几年电商平台和大

037

经济世界里的十万个为什么

型商超的崛起正在逐步改变人们的采购习惯，但上了年纪的老年人还是偏爱菜市场的烟火气，喜欢亲手挑选新鲜食材，仍保留着去菜市场买菜的习惯。然而，线下流动摊点虽然方便了消费者与商家近距离交流，但也存在标准不一、维权乏力等问题。短斤少两、以次充好、偷换商品等"劣币驱逐良币"的情况时有发生，最终也影响着整个商业模式的持续发展。

第一篇　货币

金子和银子是古代市场上流通的重要货币。可总有不法商人偷偷把金银熔化后掺入其他杂质，因为这样就能"创造"出更多的货币。为了确保自己手头持有的金子和银子纯度更高，商人和平民百姓都会把掺了杂质的金银优先用出去。久而久之，反而是那些不够纯正的金银在市场中大肆流通。劣币驱逐良币这一现象，现在也常常用来形容商品市场中，劣质商品取代优质商品、不良商家取代优质商家的现象。

劣币驱逐良币说的是古代不法商人用掺有杂质的金银来替代纯金纯银，这也是金银货币在流通时不再为人们所信任的原因之一。虽然现代社会早已不再使用金银作为货币，但还是会存在类似劣币驱逐良币

· 039 ·

经济世界里的十万个为什么

的现象。Judy奶奶每天都去菜场买菜，不会使用手机支付的她喜欢用钱包里的现金来支付菜价。每次付钱时，奶奶总是会把那些磨损比较厉害的、相对比较脏的钱先用出去，而那些相对更新、更干净的钱往往会留到最后使用。尽管奶奶钱包里的现金并没有因此变多，但奶奶还是喜欢这样做。同样，很多商贩和消费者也会有类似的习惯。长此以往，最新的钱总是躺在大家的钱包里，市场上流通的往往都是大家不喜欢的旧钱和脏钱。当然，不同于古代的金银货币的掺假。现在的货币无论新旧，钱的价值并没有什么不同。只是在使用过程中，大家仍然会选择把良币保留下来，劣币先用出去。

劣币驱逐良币除了用来反映货币之间的关系，还常常会用来形容企业和商铺之间的恶性竞争。黑心商贩为了赚到比别人更多的钱，不惜以假冒伪劣商品冒充正规品牌商品来骗取消费者的信任。由于这样的行为可以更快更容易地赚取更多的利润，他们便越来越无所顾忌。但对于守法经营的商贩来

第一篇 货币

说，多年积累的良好口碑却会因为黑心商贩的不法经营而毁于一旦。失去了消费者的信任，守法商贩就算再怎么努力也会流失客户，影响原本的正常经营。

要想避免遇到生活中的"劣币"，最好的办法就是去更值得信赖的地方进行购物消费，比如正规的连锁超市、大型的购物中心、经营多年的固定摊位等。因为这些地方的商品和服务质量经受了大量顾客的考验，相对更有保障。除了通过消费渠道来识别假冒伪劣商品和正规商品，同学们还可以注意"劣币"本身的特点。通常来说，其价格会远低于它冒充的正规商品，利用消费者无法辨别真伪而

经济世界里的十万个为什么

选择低价购买的消费行为来进行售卖。其次,"劣币"很少提供试吃试用等体验服务,所以消费者无法在付费前进行测评,更易上当受骗。

很多人在生活中都遭遇过驱逐"良币"的"劣币",对于社会经验尚不丰富的同学们来说更是如此。那么借助爸爸妈妈的手机来网购商品是否可以解决这个问题呢?现在很多平台都支持通过价格、材质、产地等多个关键词来对商品进行搜索排序,可以很方便地帮助大家对商品进行挑选。但这并不能真正反映出商品的实际情况,所以同学们还需要在相关商品的详情页面点击查看客户评价,根据客户购买、使用后的文字评价和好评数量来判断商品是否真正物有所值。日常生活中,我们也可以在陪同爸爸妈妈购物时,多多关注他们是如何挑选商品和避开黑心商家的。

第二篇 价格

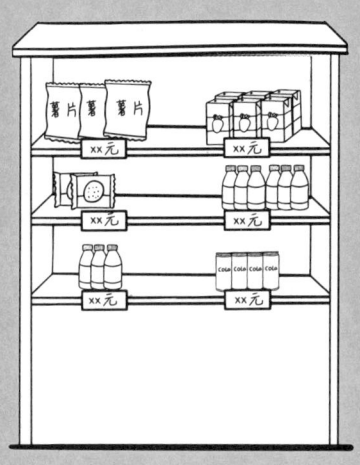

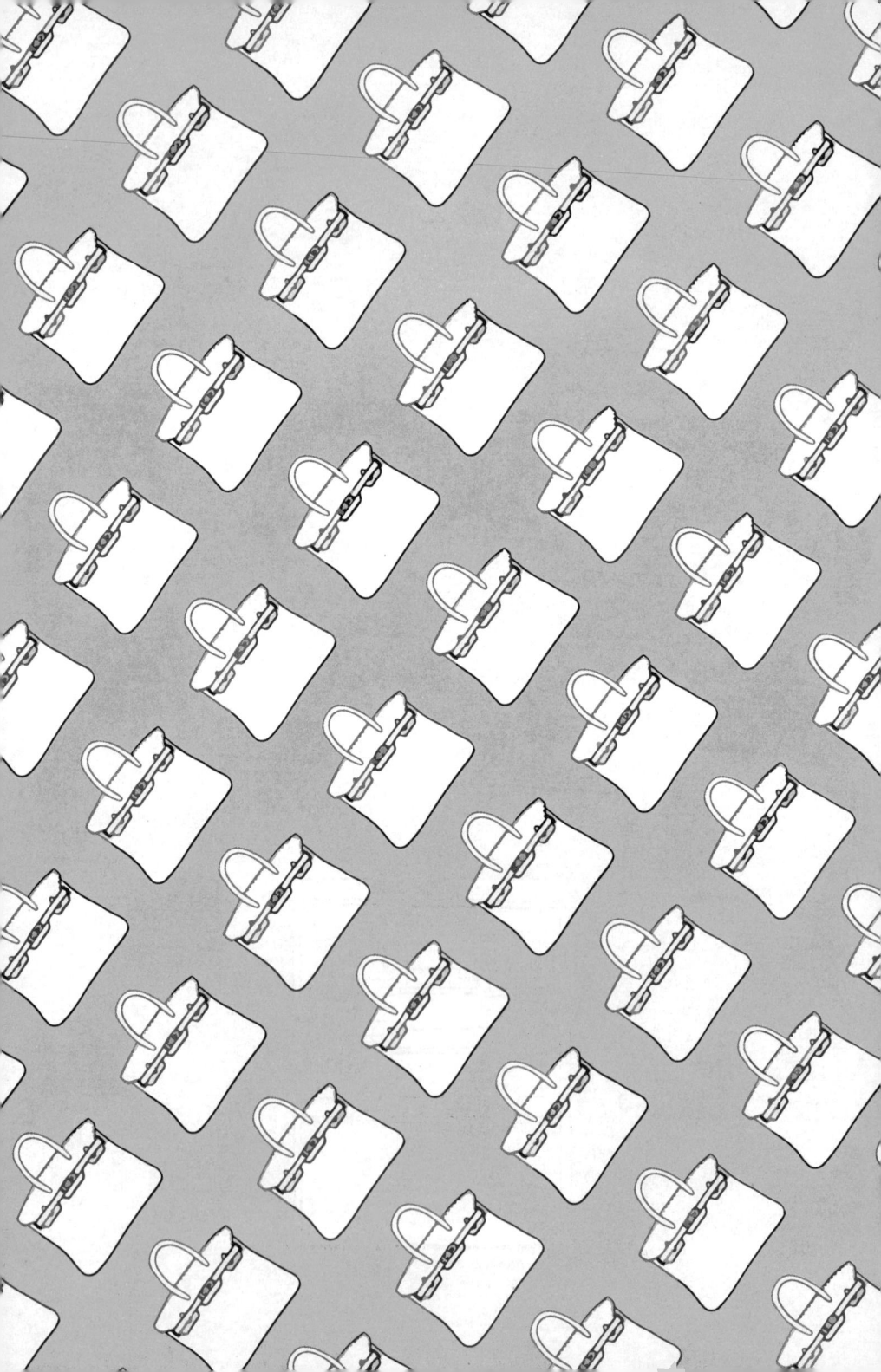

公益集市

放学路上,Judy兴冲冲地对着爸爸说:"老爸,下星期学校又要组织公益集市喽。我已经想好啦,我要把好久没用的手摇卷笔刀卖出去。"

爸爸微笑着说:"可以呀,你现在已经五年级了,基本不需要使用卷笔刀了。把它拿去售卖正好可以给低年级的小朋友使用呢。"

"对啊,而且这个卷笔刀是姨妈从国外寄来给我的礼物,款式很特别哦。可是,卖多少钱好呢?"Judy揉了揉脑袋,显得有些纠结。

"你是希望价格越高越好吗?"爸

经济世界里的十万个为什么

爸问道。

Judy望着爸爸,点了点头:"当然啦。这样就能有更多的钱来捐给贫困地区的小朋友们了。"

爸爸摸了摸Judy的头,说道:"但是你的商品是在学校里售卖,同学们的零用钱有限,价格太高很难卖出去哦。而且,卷笔刀只是一件普通文具,打算出售卷笔刀的同学一定很普遍。所以,你要根据卷笔刀的价值,在同学们可以承受的范围内,制定一个合理的价格哦。"

"老爸,可是我要怎样才能知道同学们愿意花多少钱来买我的卷笔刀呢?"

"好问题!不如提前做个同学们对于卷笔刀价格心理的问卷调查吧!"

第二篇　价格

在上海，公益集市已成为许多学校每年都会开展的重要的校园活动，通过鼓励同学们在校内集市上售卖自己闲置的学习用品来筹集资金，用于"助力乡村教育"等公益活动。让同学们可以更真实地体验商品交易与人际交往，培养慈善意识，并使闲置物品可以物尽其用。Judy的学校也不例外，这不，一年一度的公益集市又要开始啦！

经济世界里的十万个为什么

大家都知道购买商品和服务时,能看见价目表或标价牌,上面的数字就代表了商品或服务的价格,而消费者对价格的认识及心理反应却千差万别,因为每个消费者都有自己的价格心理。价格心理是指人们购买商品时对商品价格高低及其变化所产生的思想反应。影响消费者价格心理的因素有很多:消费者的收入水平、社会身份、性别、年龄、地域、职业、文化程度等等。由于小学生对商品价格构成的理解往往并不成熟,所以其价格心理的判断常常更为感性。

在校园内的公益集市中,卷笔刀是一种非常普通的文具,购买卷笔刀的同学人数相对有限,且能

第二篇　价格

够支付的金钱不会太多，所以符合同学心理的卷笔刀价格自然不会太高。而当商品的定价高于消费者的心理价格，消费者在进行购买时自然就会出现犹豫观望的心态。而当商品定价低于消费者的心理价格，消费者在购买时就会相对积极。

　　假设学校公益集市共有30个班级1200名学生参与，大概每10名同学中就会有1名同学提供卷笔刀进行义卖，那么集市中就会出现120个卷笔刀。而卷笔刀在集市上的市场需求可能也只有120个，

经济世界里的十万个为什么

市场供需基本平衡。在这种情况下，只要价格相对适中，就有望完成卷笔刀的销售。Judy的手摇式卷笔刀的优势在于款式新颖、质量可靠，但缺点在于制造工艺复杂，成本相对较高。所以售价如果太高，可能很容易就超出了同学们的心理价格。按照小学生能够承受的价格5~10元来算，当价格低于10元时，手摇式卷笔刀就有价格优势，价格为5元时肯定能卖出，价格高于10元时基本就无人问津了。所以定价在8元左右较为合理，定价在5元就会有明显的价格优势。

不同的人对同一件商品会有不同的价格心理，同一个人在不同阶段对同一件商品也会有不同的价格心理。其实，这些现象在消费过程中都属正常，甚至从某种程度上说，可以帮助大家更合理地判断出商品的价值。比如Judy一直想买一个地球仪，但预算只有20元。由于校外商铺中的地球仪至少需要30元，所以就一直没有购买。从这个角度来看，20

第二篇　价格

元就是Judy的心理价格上限。所以即便公益集市还没开始，但只要集市上出现了20元的地球仪，Judy就可能根据自己预先设定好的心理价格进行购买。

在日常生活中，爸爸妈妈可能常常以"价格太贵""家里还有""不实用"等理由拒绝我们提出的购买玩具、漫画书、游戏机等物品的请求。之所以会出现这种情况，是因为爸爸妈妈对于这些商品的心理价格较低，认为不值得购买，如果一味地满足同学们的要求，还可能会耽误同学们学习。如果不想屡屡被拒，同学们需要知道爸爸妈妈对这些商品设置的心理价格是多少，再和他们进行商量。如在某某电商平台上参加团购就可以获得更便宜的价格，或是在学校一年一度的公益集市上购买，价格也很低廉。把想要购买的商品在不同渠道的价格拿出来进行对比，这种情况下就很容易贴近爸爸妈妈

经济世界里的十万个为什么

的心理价格啦。换个角度来看，同学们平时在购买其他商品时，也可以多多询问爸爸妈妈对于这件商品的心理价格，或者和爸爸妈妈提前约定好某类商品的心理价格是多少，只要在约定的价格范围内，就可以自主决定是否购买。在日常生活中寻找多样化的销售渠道或平台来询价、比价，既可以提高同学们在日常生活中的观察能力，也可以学会如何节省支出。

排长队的猪肉店

吃完了最后一块西瓜,爸爸摸了摸肚子,说道:"Judy,晚上有没有兴趣和我出去逛逛?"

"就是简单逛逛吗?"Judy皱着眉头问。

"顺便再买点东西呀。"爸爸回答。

"能再顺便买杯奶茶的话,我就一定有兴趣啦,嘻嘻。"

"成交,不过你要做好排长队的思想准备哦。"爸爸爽快地打了个响指。

Judy一边起身冲向房间,一边喊道:"放心吧,我们可以边喝奶茶边排队呀。我换件衣服,马上出发!"

经济世界里的十万个为什么

望着猪肉店门口长长的队伍，Judy 有些无奈地问："老爸，我们还要等多久啊？"

"只有 10 分钟了，你就先慢慢地喝着奶茶吧。"

Judy 不耐烦地抱怨："为了打点折有必要这么买肉吗？"

"你不懂。"爸爸似乎有些得意，"你没看到已经有这么多人来排队了吗？有

第二篇　价格

的人已经排了半小时啦！"

Judy猛吸了一口奶茶："我觉得没必要啊。我们家不差这点钱吧？"

爸爸耐心回答道："你看啊，这家店晚上七点后就开始打折。每过1小时就便宜10%，我们今天的两杯奶茶就是靠这些折扣省出来的呀。你说有没有必要呢？"

"那我们为什么是八点钟来呢？等到九点钟、十点钟再来不是就优惠更多吗？"

"你说得没错，但是晚上十点钟你确定还会有猪肉吗？告诉你个小秘密，这家店九点钟以后猪肉就全卖完了。"

"为什么？是因为大家九点钟后都要回去睡觉了吗？"

Judy爸爸指着对面的饭店说道："九

· 055 ·

经济世界里的十万个为什么

点钟后,附近的餐厅就会把剩下的猪肉全部都买完了,你信不信?"

"我明白了,九点钟的猪肉价格已经降价到了这些餐厅能接受的心理价格!"Judy回答道。

"Judy真棒,回答得完全正确!"爸爸开心地鼓励道。

近年来,农产品价格高涨不下的现象时有发生。"蒜你狠""姜你军""向钱葱""豆你玩""猪坚挺"等农副产品的涨价轮番登场,这可愁坏了不少家庭中承担买菜重任的爷爷奶奶、外公外婆。如何买得更便宜、买得更轻松,自然也就成了大家日常生活中所关注的焦点。

第二篇　价格

降价是指商家出于某种目的，选择将商品价格向下调整。借助降价，商家可以增加销量、减少库存，有时还能赢得顾客的好感。但购买商品不能只在乎降价，更要考虑商品在现实生活中的实际使用情况。举例来说，某款风筝打对折出售，但本地很难找到适合放风筝的公园，那么也就可能没有购买的必要了。所以对消费者来说，几乎没有使用机会的商品则应当谨慎购买。

降价和涨价都是商家的市场经营手段，多数情况下通过降价可以有效拉动商品的销售。有些商品具有季节性特点，所以会选择周期性降价。比如羊毛衫、凉席等，每当商品的使用季节将过，商家就会通过降价来清理库存。有些商品因为具有时效性特点，所以会选择临近保质期时来降价。比如食品、饮料等，每当保质期临近，商家就会通过降价来完成销售。同样是降价，有些是一降到底，有些则可以多次降价，还有些商品会选择以"买一送一"等附赠的形式进行变相降价。

那么同学们在日常购物的时候可以如何运用降价规律去节省开支呢？饮料、零食、文具等商品都有适合自己商品特性的降价模式。例如，奶茶店通常会结合节假日开展活动，推出像是中秋节第二杯半价等降价优惠。零食店通常会采用累进满减模式，比如满88元享受八八折，满166元享受六六折。文具店则喜欢在学校放假前对商品进行组合清仓，更多地采用组合销售模式来降价，比如橡皮买三送一等等。同样的商品、不同的价格，"降价"可以让同学们的每一元钱都能发挥更大的作用。

第二篇　价格

　　降价商品到底能不能买？当然能，但同学们必须知道如何去买。买降价商品需要三看：看使用、看理由、看客流。"看使用"就是先看自己购买了这件商品后是否真的会使用到，如果用不到或者很少有机会可以用到，那么再便宜的商品也要慎重购买。"看理由"就是先想想商店为什么会进行降价，如果不是出于季节性、时效性等具备合理理由的降价，同学们就要提防商品质量问题，谨防购买后影响使用。"看客流"则是因为正常情况下降价总能吸引更多消费者的关注。但如果降价之后，关注的人不多，购买的人更少，大家就应该想想为什么会出现这样的情况，其他人不买的原因又是什么。有些时候，我们自己并没意识到这或许是个降价骗局，但其他人可能已经看穿了这个陷阱。所以，如果商品降价之后还是无人问津，要么是商品

经济世界里的十万个为什么

有问题,要么就是价格有问题。虽然对于本来就计划购买这件商品的消费者来说,降价可以获得更多的优惠,但有些降价却需要大家保持警惕。相信每年"双11"购物节期间,爸爸妈妈们都会在电商平台购买商品。但并不是所有的"大降价"都值得信任。有些平台商铺打着"全部商品统降100元"的幌子,吸引了不少消费者购买。但事实上,"虚假降价"前后,这些商品的价格完全一致。因为商铺先把商品的价格上调,几天后再宣称降价,所以消费者并不能真正享受到降价带来的实惠。所以我们在遇到各种各样的降价活动时,先要问一下自己:商品为什么会降价?是真的降价了吗?

集市上的果子

"Judy 快来!你闻闻这些果子是不是很香啊?"人群中传来了爸爸的声音。

"香的香的,比前面所有摊位加起来都香!爸爸,我们要不就买这家吧,我和妈妈都走累了呢。"Judy 和妈妈面色尴尬地走了过来。

爸爸兴奋地拽着两人说道:"不是不买,是要挑个好价格再买。我问你,这些果子最贵的摊位卖多少钱?最便宜的又卖多少钱?"

"最贵的 12 元一斤,最便宜的 8 元一斤,但多数摊位都卖 10 元一斤。怎么样,我观察得很仔细吧?"

"那说明了什么呢?"爸爸继续发问。

"说明商贩之间没有形成价格统一,我们可以利用价格差来讨价还价。"Judy自信地回答道。

爸爸点了点头,又补充道:"说得不错,之前没白教你。这也说明了这种果子具有一定的价格弹性,只要价格合理,品质也不错,我们就可以多买点儿回去饱饱口福啦。"

Judy打起精神向前走去:"知道啦老爸,快买吧!我都等不及啦。"

出门旅游除了领略祖国的大好河山,还可以品味当地的美食佳肴。不同地域的风土人情、历史典故往往也都蕴含在

第二篇　价格

这些当地的特产美食之中。看完了美景，品尝了美食，我们还可以到集市中采购一二。这里不但可以满足游客们的购物欲望，还能让大家感受到讨价还价的乐趣。

经济世界里的十万个为什么

 经济小知识：价格弹性

价格弹性是指某类商品的价格与市场需求之间的变动关系。以水果价格为例，降价会导致需求变多，而涨价则会导致需求减少。因为有价格弹性的存在，所以Judy爸爸才会反复进行价格比较，商家也会经常对商品价格进行调整。

第二篇　价格

　　当价格拥有了弹性，市场上的需求自然也会产生变化。所以，商品价格的弹性高低往往也与需求量间保持着密切的关系。比如文具店售卖的笔袋，不同的购买量可能会导致价格相差悬殊。假设Judy打算购买一只笔袋自用，文具店就会按照标价30元来进行售卖。而Judy的学校打算在儿童节前夕采购3000个笔袋发放给全校同学，那么文具店则会愿意下调价格。因为如果文具店的笔袋没有价格弹性，30元的价格就很难吸引学校来进行大批量的购买。所以，文具店往往会根据购买量给出最大程度的优惠，以此来争取学校的这笔大订单。因为这个时候，哪怕每只笔袋只赚1元钱，文具店至少也能赚到3000元。

　　Judy爸爸希望能够买到尽可能便宜的果子，所以如果价格相对便宜，就会愿意增加果子的购买

经济世界里的十万个为什么

量。但如果所有摊位果子的价格都很高，Judy爸爸的购买量就会相应减少。可如果不同摊位果子的价格有高有低，那么Judy爸爸就可以选择在价格相对便宜的摊位进行购买。因此，价格弹性对消费者来说可以获得相对便宜的价格。对于商铺来说则可以通过价格弹性来增加消费者的购买量，从而赚到更多的钱。只要能设置出合理的价格弹性，买卖双方就都可以获得满意的结果。

价格弹性可以让物美价廉的商品更有销量，但也并不是所有商品都有价格弹性。比如菜场中售卖的普通大米和食盐。这些商品即便再降价，消费者的需求变化也会非常有限。因为几乎每个家庭中这两类商品的使用量都已经基本固定了，某种程度上来说已经成了生活中的必需品。不管降价与否，大家都习惯消耗固定数量的大米和食盐。所以，当价格不再成为需求变化的关键，商铺也就没必要降价促销了。因此，只有那些有价格弹性的商品，才可能做到以量换价。

第二篇　价格

生活中，同学们可能也发现了电商平台的商品价格总是比实体商铺里的商品价格低一些，这就是因为价格弹性的关系。一只笔袋在商铺中售卖，正常情况下最多能卖出一两百只。只有在极少数情况下，才可能卖出几千只。但如果在电商平台上售卖，价格弹性就能很好地发挥其作用。因为可能全国有数百万人需要购买笔袋，只要价格足够便宜，就能吸引到这些人来购买。现在越来越多的家庭正在使用这种通过互联网平台聚集消费者的团体购买商品的方式，这种团购模式可以为家里省下不少钱。其实，了解价格弹性不仅可以培养同学们的价格意识，学会货比三家，更重要的是，能够让大家懂得哪些不该买、哪些不该现在买。

汉堡店的礼物套餐

"Judy，今天妈妈不在家，我们午餐去吃汉堡怎么样？"

"太棒啦，可以点礼物套餐吗？"爸爸的提议很快得到了 Judy 的响应。

爸爸摸了摸下巴："我们两个人一起吃，应该可以点的吧？你是不是已经盼礼物盼了很久了呀？"

Judy 开心地点了点头。

…………

"爸爸，今天太开心了！不仅吃了汉堡，还买到了限量版玩偶，欧耶！"

爸爸瞧了瞧 Judy 手中的玩偶礼盒说："你的开心可是我花真金白银换来

第二篇　价格

的呢！"

Judy神秘兮兮地说："爸爸你知道吗，其实今天我们可是白白赚了30元呢！"

"我怎么没看出来？你这笔账怎么算的？"

Judy举起玩偶说："今天我们买的这款礼物套餐价格是68元，你知道在机场要卖多少钱吗？"

"多少钱？你又是怎么知道机场的套餐价格的？"爸爸问道。

"我的一个同学的爸爸就是在机场工作的。他在机场的汉堡店里给她买了这款礼物套餐，东西完全一样，但是价格却贵了30元。你说今天我们划不划算？"

"一模一样的套餐在机场要卖98元，

· 069 ·

经济世界里的十万个为什么

已经不是价格弹性而是价格歧视啦。幸好今天这家汉堡店有礼物套餐，否则你就要缠着我去机场买了吧？"爸爸心头一阵凉意飘过。

"我才不会呢！机场的套餐价格太贵啦！"

第二篇　价格

价格歧视不同于价格弹性，实质上是一种差异化的价格策略。同样的连锁汉堡店，完全一样的礼物套餐，完全一样的购买数量，在机场购买就要多付出30元，这就属于典型的价格歧视。如果同学们不想成为被割的韭菜，首先就要学会如何避开价格歧视。

经济世界里的十万个为什么

价格歧视现象在生活中并不少见,在购买汽车、手表、钻石时都可能会遇到这一现象。比如同样的一辆汽车,在不同地区售卖的价格可能会相差几万甚至十几万元。这种差价远远超过了车辆本身的运输费用,这就属于明显的价格歧视。还比如,卖包包的商家也会结合不同地区人群经济状况的不同,设置不同的商品价格,使得同一款产品、同一时段可能在不同门店的价格有所不同。同样的连锁汉堡店,开在机场里就提高了所有商品的价格,这是因为机场中餐厅数量有限,而汉堡店可能只有一家,完全没有竞争对手,消费者想要吃到汉堡,就没有第二家店铺可供选择。

价格歧视给商家带来了高额利润,但消费者要想避免却有一定的难度。因为有能力实施价格歧视的企业往往具有一定的特殊地位。这种地位使得企

第二篇　价格

业在某些地区或者某些领域实现了独占优势。所以消费者想要避免遇到价格歧视，最好的办法就是选择在竞争激烈的市场中购买商品或避免购买这两种方式。

未成年人在生活消费中也会遭遇价格歧视现象。比如课外辅导课程的价格，就会存在不同培训机构价格不统一的问题。但有时不同机构背后的师资力量却可能是同一位名师，用的也是非常相似的教材，这个时候如果能找到价格更低的课程就不会多花冤枉钱。一般来说，时间是解决价格歧视的最好办法。因为多数情况下价格歧视现象会随着时间的推移而逐步缩小价格差。也就是说，同一位名师在不同机构的授课费用差距也会逐步缩小。所以学生家长可以对未来某类重点项目支出进行长期关注，找到其中相对较低的价格再进行消费选择。

经济世界里的十万个为什么

　　分辨出价格歧视不但可以为家庭节省开支，更可以把省下来的钱用于购买更多的商品。比如Judy想获得一件儿童雨衣作为生日礼物，附近的商场里雨衣的价格要200元。妈妈提示Judy可以去专卖店货比三家。果然，在某儿童雨衣专卖店找到了同款雨衣，而价格只要160元。小小雨衣差价竟然达40元，这就明显地属于价格歧视了。避开了价格歧视，同学们就可以用节省下来的钱购买更多东西啦。关注价格歧视问题不仅能够为家庭省下一些开支，还可以借此培养同学们的价格敏感性和做选择时的逻辑思考能力。越早开始理解价格歧视概念，就能越早避免花一些冤枉钱。一本书、一件玩偶或许不能为家庭减少多少经济支出，但总有一天所学的经济学知识能够帮助同学们做出更具实际意义的经济判断。

姨妈的名牌包包

"好的,到时候见。"妈妈放下手机瞥了一眼躲在门口偷听的Judy,"姨妈下个月回国,到时候要不要和我一起去接姨妈啊?"

"好啊好啊,姨妈一定给我带了很多好东西吧?"Judy立即回答道。

妈妈把Judy揽在怀里:"你就知道礼物!没有礼物你是不是就不去了?"

Judy握拳发誓:"哪有?我是因为太想念姨妈啦!"

"说吧,又有什么小心思啦?"妈妈笑着揭穿了Judy。

"妈妈,姨妈这次回来能不能把她

经济世界里的十万个为什么

的包包借我背两天啊？上次她临走时答应过我的呢。"Judy 嗲声嗲气地说道。

"你是打算背着去上学呢还是晚上抱着睡觉啊？"边上传来了爸爸的声音，"再说了，你知道姨妈的包要多少钱吗？弄脏了你这点零用钱可不够赔！"

Judy 满脸好奇地问："妈妈，姨妈的包要多少钱啊？"

妈妈回答："之前姨妈买的时候是40000多元，抵得上你几百个书包了吧。"

Judy 吐了吐舌头，吓得不再作声。

"姨妈的包包属于奢侈品，价格包含了品牌溢价，又是限量款，所以价格自然就要这么贵了！"爸爸在一旁解释道。

第二篇 价格

Judy 姨妈在国外旅居多年，平时喜欢购买各类名牌服饰和皮具。由于国外购买奢侈品税率相对较低，所以也先后购买了不少包包在日常使用。其中有款名牌包款式和颜色都很特别，Judy 自打见到后就爱不释手，一直缠着姨妈让她也背一会儿。奢侈品皮具款式固然经典，但其昂贵的价格也往往会令消费者咂舌不已。

经济世界里的十万个为什么

  什么是品牌？品牌是指消费者对商品的认知程度。尽管品牌本身并不可见，但很多人愿意相信好的品牌可以令商品更有价值。如果多数消费者认为某件商品值得付出更多的钱来买，那就是品牌产生了溢价。打个比方，完全相同的两件西装，没有品牌的只能卖到几百元，但贴了品牌标志的那件或许就能卖到几万元。事实上两件西装完全相同，但在大家心里，不同品牌，其背后的情感和文化是不同的。正因为有些商品包含了巨大的品牌价值，所以售价往往可以超出其成本很多倍。

第二篇 价格

现实生活中，很多商品都会包含品牌溢价。特别是电视广告中，经常可见知名品牌、百年老牌、国际大牌、时尚潮牌等宣传语，其实这些就是在暗示商品价格中包含了品牌溢价。正因为这些商品的价格可能比同类商品更高，所以消费者就不能再单

经济世界里的十万个为什么

纯从使用价值来衡量商品的价格。特别是化妆品、皮具、首饰、手表、汽车等，其生产成本往往只占商品价格的很小一部分，品牌溢价和文化情感价值可能反而占据了更大的比重。

消费者购买包含品牌溢价的商品，除了可以获得商品本身的使用价值，更是看中了商品背后的情感因素和文化烙印。还是以品牌包包为例，很多这类商品都是系列商品，历史特别悠久的甚至可以追溯到上百年前。多年来这些品牌不断有经典款商品问世，时至今日仍然为消费者所追捧。匠心设计、手工制作、限量生产、独家发行、皇家典藏等都是这类商品经常使用的宣传口号。消费者购买商品的同时，还通过品牌溢价购买了商品背后的品牌故事和商标。那些有品牌溢价的商品，可以令消费者在使用中受到更多来自他人的关注。

虽然同学们目前还处在小学阶段，但或许也知道有名牌运动鞋和普通运动鞋的存在。这两种鞋子有什么区别？从使用价值来看，两者本身的差距并

第二篇　价格

不大。但就是因为有品牌溢价的存在，名牌运动鞋的价格就是比普通运动鞋的价格更高。或许有同学会说，是因为设计不一样啊？可事实上，现在很多国产运动鞋的设计并不逊色，产品质量和名牌运动鞋相比完全不分高下，所以面对名牌还需要大家理性看待。

· 081 ·

经济世界里的十万个为什么

  购买商品到底是为了使用还是为了品牌？有的消费者是为了供自己实际使用，但也有消费者为了品牌和情感而购买商品。其实，这些选择都没错，因为不同的人购买商品往往会出于不同的目的。但对于正处于小学阶段的学生来说，由于大家尚不具备赚取收入的能力，所以没必要太多考虑商品的品牌价值，况且使用价值才是一件商品永远的核心价值。

  对于一些家长来说，当我们的家庭经济条件越来越好时，有些家长自然也希望孩子能够拥有更好的商品。但是，在不惜重金为子女创造条件的同时，有时也会让我们的孩子产生一种消费错觉——似乎贵的就是好的，有钱就应该买贵的。其实，年幼的孩子们对于商品的敏感性并没有爸爸妈妈们预料的那么高。孩子们的人生观、价值观正在养成，

第二篇　价格

过早地去接触高品牌价值的商品未必就是一件好事，还可能会让他们产生拜金主义思想。

万物皆可元宇宙

吃完晚饭，Judy踮着脚悄悄来到爸爸身边："老爸，你微信钱包里有10元钱吗？能不能帮我买件东西，我可以还给你现金。"

爸爸狐疑地问道："似乎有点神秘啊，要买什么呢？"

"是元宇宙里的一件商品，现在买只要10元钱。"

爸爸瞪大了眼睛说："没想到现在连小学生都要进军元宇宙了。"

"万物皆可元宇宙，我想买件布偶猫的数字藏品，可以吗？"Judy有点不好意思地挠挠头，说道，"很多同学都

第二篇　价格

买了，我实在是太喜欢啦。"

爸爸点了点头："价格确实不贵，但你买数字藏品的目的是什么呢？"

Judy说："当然是过个几年再把它卖掉呀。这种东西一年又看不了几次的，做投资最划算啦。"

爸爸笑了笑说："这个想法挺有意思的，你们同学也是买来投资吗？"

"买着玩和做投资的一半一半吧。反正也就10元钱，很便宜的。"说到兴奋处，Judy不由自主地手舞足蹈了起来。

"如果你是买着玩，我可以帮你买下来。但如果要做投资，建议你慎重考虑一下。"爸爸拍了拍Judy的肩膀，耐心回答道。

Judy感到有些奇怪："难道你不是该鼓励我投资，反对我买着玩吗？"

经济世界里的十万个为什么

"投资是件好事,但要看投在哪里和投什么。你有考虑过数字藏品的现值吗?"爸爸反问道。

"现值?老爸,你的意思是这件商品不值钱,所以不建议我投资?"

"投资需要考虑将来的回报,你觉得现在已经有多少人购买了你想要买的商品?将来又有谁会来回购呢?"

元宇宙是个存在于网络空间里的世界,里面几乎拥有所有现实世界中存在的一切。在元宇宙里,很多商家正在售卖具有一定收藏价值的艺术品图片,并将其称为数字藏品。正所谓万物皆可元宇宙,消费者在购买这些随时可能变得一文不值的数字藏品时,也需要做好一定的思想准备。

第二篇　价格

经济小知识：现值

现值，简单理解就是某物现在的真实价值。商品价格反映的是商品的理想价格，但往往按照这个理想价格未必能将商品卖出，甚至可能完全无人购买。所以现值才能真正反映出商品此刻在市场上的受欢迎程度。比如古代皇帝用过的茶杯，工艺精美而且存世量稀少，所以现值就会很高。但元宇宙数字藏品往往没有消耗，商家也可以相对更容易地增加数字藏品的发行，所以元宇宙数字藏品的现值会非常低。

经济世界里的十万个为什么

虽然现值代表了商品现在的价值，但并不能等同于商品的现实价格。Judy爸爸喜欢集邮，一枚邮票在邮局出售的价格是0.80元，但在集邮市场上的现值可能只有0.70元。这种就属于典型的现价高于现值，生活中多数商品都有着类似的价值特性。但过了几年，这种邮票已经被使用得差不多了，市场上又出现了很多人在疯狂收藏，于是就可能出现现值高于现价的情况。当然，这个时候的现价属于有价无市，根本就买不到，因为没人愿意把赚钱的机会让给别人。对于元宇宙里的数字藏品来说，无非就是把邮票从现实中的邮局搬到了网络中的元宇宙。尽管数字藏品不像邮票会产生消耗，但背后的道理都是一样的。

多数情形中，现价高于现值，所以商家有利可图。0.70元现值的邮票现价是0.80元，属于完全

第二篇　价格

正常的对应关系。消费者即使购买了，也不用担心上当受骗。因为邮票不但有收藏价值，也有使用价值。即便有损失，也是在一个完全可控的范围内。但在元宇宙里，数字藏品的现值可能只有0.10元，现价却高达20元。而且，任何人任何时间都可以近乎无限量地复制销售数字藏品。所以，未来的市场上，只有极少数经得起时间考验的数字藏品的现值会逐步提升。Judy想要购买的布偶猫数字藏品，市场上同类产品极多，未来二手交易中很可能遭遇根本无人购买的窘境。

　　所以，从某种程度来说，数字藏品是否值得投资与现值走向密切相关。一般来说，数字藏品销售后，卖方愿意支付的现值越高，藏品就越值得购买。但是，如果某类商品现价10元，市场交易的现值只有0.50元，甚至没有任何交易，就需要慎重考虑是否有投资的必要了。

经济世界里的十万个为什么

要想不在生活和投资领域踏入陷阱,同学们可以多关注商品的现值。购买商品时感觉难以判断价格是否划算,可以先看看有没有其他的购买渠道。如果商品在不同的渠道中价格不一,那么说明渠道间存在着价格差。特别是当商品在二手市场上的交易价格比较低,甚至根本无人问津时,则说明了商品的现值相对也低。对于一款市场上现值比较低的商品,千万不要冲动购买。考虑清楚购买商品的必要性和紧迫性,以免被商家"割韭菜"。当然,对于同学们不够理智的购买行为,家长们也不要简单粗暴地直接拒绝。遇到类似的情况,家长们可以先找到几款现值较高的替代类商品供孩子进行了解。通过价格对比和购买量数据,让同学们自己打消冲动购物的念头。

第三篇
消费

万事都可AA制

"老爸,这个周末我们所有一起上钢琴课的同学约好一起去吃火锅呢!"Judy兴奋地说道。

"是吗,大家一起聚餐很好呀,可以一边吃火锅一边相互交流练琴心得,增进同学们之间的情谊!"爸爸听后十分赞成并接着问道,"那你计划好怎么支付聚餐的费用了吗?"

Judy摸摸脑袋说:"哎呀,我光顾着高兴,忘记想这个了。我最最大方豪爽的爸爸,要不就由你来请客吧,哈哈哈。"

"当然可以啊,你们几个小朋友还

经济世界里的十万个为什么

是吃不穷我的。只怕是所有同学的爸爸妈妈可能都有请客的想法,到时候还真不好办呢。"爸爸回答道。

"那怎么办?如果我们是去吃汉堡,那么只要排队点餐、各自付费就行。可是我们这次是一起去吃火锅呀,这该怎么支付费用才好呢?"Judy 有些担心地问道。

爸爸笑着回答:"哈哈,其实很简单,只要大家一起 AA 制就可以啦!"

AA 制的出现,改变了很多生活中原有的计算规则。特别是在经济支出方面,越来越多的家庭开始喜欢上了 AA 制。借助这种方式,大家不但可以共同担负起相应的消费责任,更能在彼此之间多一分体谅和关心。

第三篇 消费

所谓AA制，从字面意思即可看出是指参与其中的每个人按人头平均分担所需费用，常见于多人餐饮、聚会、旅游等共同消费共同结账的消费场景。

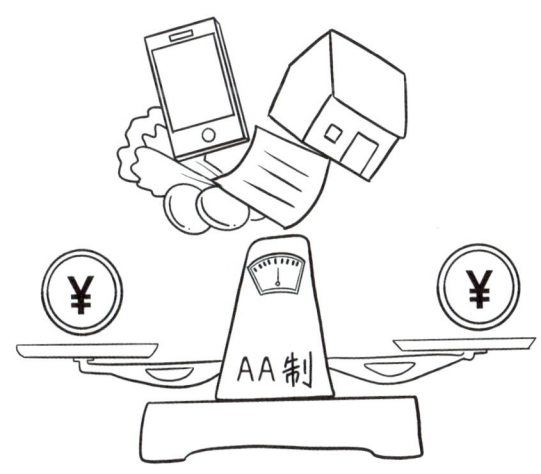

经济世界里的十万个为什么

在中国，每逢年节大家都喜欢聚餐，为了方便，很多人都会把吃饭的地点选择在饭店。除了亲戚间的聚餐，还有同学间、同事间、朋友间的聚会等等。通过采用AA制的方式，既可以营造出更轻松自由的聚会环境，还可以充分尊重每一个参加聚会的人。因为在场的每个人都是请客的人，吃完饭大家一起结账，完全不必担心独自承担高昂的费用。

Judy一家，爸爸妈妈收入尚可，完全有能力负担各自的日常消费。对于家庭中需要共同支出的项目或者一些大额投入，借助AA制方式，既减少了对爸爸妈妈其中某一方经济上的过度依赖，又能够使得夫妻之间有商有量，避免矛盾发生。例如为Judy配置智能手表一事，从金额上来看并不算多，但爸爸妈妈通过AA制方式共同购买，则可以给予对方更多的尊重，所有的决定都确保了是由双方共同讨论

第三篇　消费

后做出的。

AA制也可以理解为各方对某种责任的共同分担。同样的投入，往往产出的效果会有明显不同。因为很多事情单纯由一方来投入，最终往往就变成了负担。而双方共同来投入，互相监督和推动，往往就变成了责任。从这个角度出发，子女教育、家务劳动、生活费用等都可以实行AA制。家庭责任适当分工的同时，也体现了资源的整合优化。

每逢寒暑假期，很多同学家的水电费用都会比平时多出一大截。这既与空调和电视使用时间变长有关系，更和同学们的不良使用密切相关。不管是不是坐在电视机前，不少同学都喜欢把电视从早开到晚。无论天气是否炎热，都恨不得24小时开着冷气。尽管爸爸妈妈也会经常提醒，可总有些同学不懂得节约水电。不是洗手时总是开着水龙头，就是

经济世界里的十万个为什么

空调吹个不停。所以，爸爸妈妈们也有必要借助AA制的方式让孩子们共同来承担家庭的水电费用。比如根据上一年度家庭中的水电费用来设置一个平均标准。只要每个月的水电费用超过了平均标准，超过部分就按家庭成员数量进行AA制平摊。通过这种方式，可以让每个家庭成员都来珍惜资源，避免浪费。同样，如果这个月的水电费用低于去年平均标准，少付的那部分钱就可以作为家庭的消费基金用来购买零食或饮料。每个家庭都可以借助AA制的理念设置一些特有的家庭规则，让所有家庭成员来共同遵守。好的家庭规则并不在于某项开支由谁来承担，而是在于让大家共同来扛起家庭建设的责任。对于家长来说，要顶层设计好家规，让孩子感受到家的温暖和强大。对于子女来说，要从小培养责任意识，力所能及地为家庭贡献一份自己的力量。

社区食堂

"爸爸,趁着奶奶和妈妈都不在,要不我们今天就多吃肉少吃菜?"站在社区食堂门口的Judy犹豫了一下,回头望向爸爸。

"偶尔一次挑食还是可以接受的,不过千万不要浪费哦。"爸爸一边回答,一边盯着食堂门口的宣传广告看,嘴里默念道,"今天社区食堂预付费充值,满200元优惠10元,满500元优惠30元。Judy,帮忙算一下哪个更划算。"

Judy立刻回答:"爸爸,这道题太简单啦,我都五年级啦,能不能出个有挑战性的题目啊!"

经济世界里的十万个为什么

爸爸尴尬地耸了耸肩，说："好吧，那就换一题。请问，社区食堂为什么要做'预付费'充值？"

Judy吐了下舌头说："这道题不错，要不我们坐下来边吃边想怎么样？"

社区食堂的出现，极大地方便了周边居民的用餐需求。菜品丰富、价格实惠、位置优越，吸引了大量没时间或不想做饭的居民的关注。不同于其他的普通餐饮店铺，很多社区食堂都采用了预付费加自助取餐模式。大家吃多少就拿多少，拿多少就从账户中扣多少。有些社区食堂为了吸引居民办理预付费，还会不定期地推出"充值满减"优惠活动，受到了大家的欢迎。

第三篇 消费

 经济小知识：预付费

预付费是一种先付费后使用的消费模式。也就是说，顾客在使用服务之前必须预先往账户里充值，在顾客成功使用该服务后，商家再从账户中扣除相应的费用。为了吸引大家接受预付费，社区食堂推出了充值即可获得相应优惠的活动，进而引发了社区居民的关注。借助预付费模式，商家也获得了越来越稳定的客流，甚至越来越多的回头客。

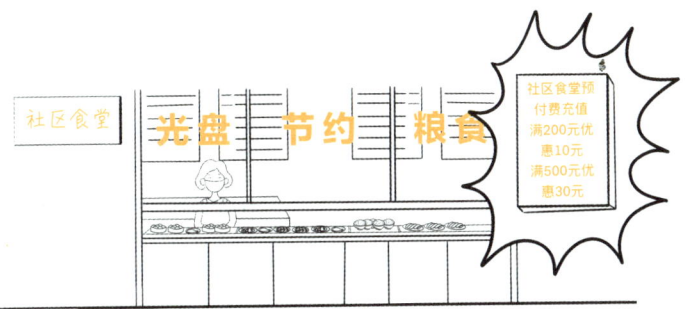

经济世界里的十万个为什么

　　预付费模式在实际生活中的应用非常广泛，常见于美容、美发、洗衣、餐饮、电影、健身等消费项目，早已和人们的日常消费行为息息相关。使用预付费模式，消费者可以通过充值、打折得到一定的实惠，商家也可以提前收到更多的资金用于日常经营。此外，预付费模式的出现，还可以让商家更有针对性地向顾客提供商品和服务。

　　但是，大家在享受通过预付费模式获得价格优惠的同时，也要警惕预付费模式背后隐藏的陷阱。例如，商家关门卷款而逃、虚假宣传、欺骗顾客等等，因为这样的事件屡有发生，所以存在着较多隐患，令不少消费者感到担忧。Judy妈妈就遇到过因为个人消费信息及电话号码被泄露，导致总是接到不明身份的人打来推销电话的情况。所以大家还是需要对预付费模式时刻保持警惕。

第三篇　消费

教辅行业也是预付费模式盛行的主要行业,各类课外培训班的收费形式普遍采用预付费模式。但无论是线上网课还是线下课程,动辄数千、上万的课程费用都不是一笔小数目。万一这些教辅培训机构因经营不善而关门歇业,那么对于已经进行预付费充值的家庭来说,钱就打了水漂。

零食不够吃,零花钱不够用,这些都是同学们生活中经常会遇到的情况。可能还没盼来新款零食的到货,自己的零用钱就早已花得一点不剩。其实,大家只要学懂了如何将先付费后使用的预付费模式运用在合理安排开支方面,就能避免类似情况的反复出现。例如,同学们可以把每年收到的压岁钱存进银行,用这笔存款的利息一次性交给爸爸妈妈购买一张"预付费零食卡",让爸爸妈妈在同学们原有的利息基础上适当再增加一部分金额充值到

经济世界里的十万个为什么

这张卡中作为奖励，再用这张卡里的钱由家长按月专门进行零食的采购，这样就能确保每个月都有新的零食可以享用啦。这种类似于社区食堂的预付费充值卡模式可以鼓励消费者专款专用，同学们在向爸爸妈妈购买预付费模式的零食卡的同时，就会逐步形成延迟享受和预算管理的概念。

鱼的不同

"老爸,今天我发现了一个经济学现象,要不要听听?"

"那必须听呀,快说吧。我都有点等不及啦!"爸爸回答道。

"同样是去菜市场买鱼,奶奶家边上菜市场的鱼价和我们家附近市场的鱼价就有很大的不同。奶奶家附近的菜市场里,进口鱼特别多,价格也相对贵一些,连包装都会更精美一些,而且鱼池也很豪华。我们家附近菜市场里的鱼就感觉很普通,鱼的价格也便宜不少,包装也比较简单。感觉两个菜市场完全没有可比性。"说罢,Judy神气地看着爸爸,

经济世界里的十万个为什么

似乎正在等着爸爸的表扬。

爸爸伸出大拇指对Judy说:"很好,这个发现本身确实很有价值。但是你觉得这说明了什么呢?"

"说明了不一样档次的菜市场服务的人群不一样,为什么奶奶家边上的菜市场贵,可能是因为周边的房价高,居住的居民也比较有钱,所以购买力强。"Judy答得飞快,似乎心里早有盘算。

爸爸点点头总结道:"一般来说,多数的菜市场所服务的人群都是在附近居住的居民,所以附近小区居民的购买力决定了菜市场的整体定位。也就是说,如果附近居民的购买力普遍较高,那么周边的菜市场、超市、健身房,以及餐

第三篇 消费

厅等就会倾向于提供高档次、高定价的商品或服务来进行销售。所以如果哪一天我们社区居民的消费水平上去了，那菜市场的环境和服务也一定会越来越好的。"

Judy听完，望着爸爸说道："那我可以申请定期去奶奶家吃饭吗？让奶奶多去那个菜市场买点好吃的。"

在城市中，居住在不同区位的居民可能存在着收入上的差异与购物偏好的不同，而这种差异往往会直接体现在购买力上。商家要想更好地满足消费者的需求，最好的办法就是结合消费者的购物偏好差异和购买力的高低来提供更有针对性的商品和服务。菜市场的规模和

· 107 ·

经济世界里的十万个为什么

档次就是附近居民购买力的一种体现,因为菜市场的菜品好坏、价格高低、服务水准会以所在区位居民的消费需求为标准来进行调整和匹配。

第三篇　消费

　　购买力是指消费者在取得收入后购买商品和服务的能力。购买力的高低往往可以决定所在地区商家的发展方向。就以买鱼为例,不同购买力的家庭,喜好自然会有所不同。有些家庭关注鱼的品质好坏,有些家庭希望还要有好的服务,还有些家庭对菜市场环境有特殊要求。因此,掌握了消费者的购买力,商家就可以更好地服务属地居民。

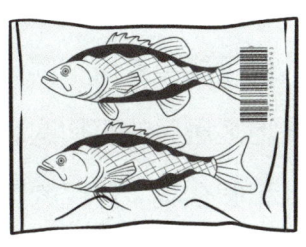

· 109 ·

经济世界里的十万个为什么

　　几乎所有社区附近的商家都会受到社区居民购买力的影响。居民购买力不同，菜市场里菜品的标准、产地、价格自然也会有所不同。同一种类别的商品经过种种条件的细分，最终价格可能相差数倍。只要商家提供的商品和服务能够充分地与所在地区居民的购买力相匹配，那么就能够更快地完成销售目标，赚到更多的利润。

　　当然，购买力并不是一个固定不变的标准。同一地区的居民之间的购买力会有所差异，不同的时间，对同一产品的购买力也可能会有所不同。但是无论属于何种情况，最终地区居民的平均购买力还是决定了商家应该卖什么和怎么卖。居民购买力高的地区，商品的价格普遍会较高。居民购买力低的地区，商品的价格普遍会较低。

　　日常生活中，同学们需要购买的东西多数是

第三篇　消费

由家长来支付购买的，所以通常都不会去关注购买力的问题。然而随着年龄增长，同学们碰到超出购买力的事情也会逐步增多。即便还没达到一定的年龄，有些孩子已经开始使用压岁钱来购买超过自己能力的商品了。所以与其出了问题再亡羊补牢，不如未雨绸缪尽早培养孩子们的购买力意识。

很多同学都喜欢收藏稀奇古怪的小玩具。尽管玩具本身的价格都不贵，但购买的次数多了，往往也就很快花光了自己的零用钱。一旦零用钱用完，不是今天求着爸爸买零食，就是明天要找妈妈买文具。那么，如何才能增加大家零用钱的购买力呢？有这种担心的同学们可以考虑用账户分类的办法来提高零用钱的购买力。把每个月的零用钱分成三个用途不同的账户——零食账户、文具账户和其他账户，每个账户的钱只能专款专用。如果账户余额不

经济世界里的十万个为什么

够，就是超出了自己的购买力。每个账户每个月买商品的件数和每件商品的金额都需要给自己规定好上限，超过上限也就等于超出了自己的购买力。用这种方式坚持三个月，就可以逐步了解自己的真实购买力到底是多少了。

而作为父母，如果想要培养子女拥有衡量自身购买力的意识，除了帮助他们建立预算规划，还可以借用账户补贴的理念来进行。只要同学们连续数周或者数月都能够严格遵照规划来执行自己的预算，就可以获得一定的专项补贴。补贴可以直接发现金给同学，也可以在购买某物的时候发放。购买力意识关键不在一时能够控制自己的购买行为，而在于能够长期执行自己的预算规划。

消费券

"老爸,听说政府要发消费券给我们啦?"Judy一到家就急着向爸爸打听。

"消费券还没发呢,看来现在什么事情都瞒不住你啊!"爸爸早就看透了Judy的小心思,"是不是又想买点什么啊?"

"你女儿还能买点什么呢?无非也就是喝喝奶茶吃吃比萨,最多再买几本故事书嘛。老爸,这些你应该会满足我的吧?"

爸爸回答:"先别急着想怎么用,说说你觉得政府为什么要发放消费券呢?"

Judy认真地说:"因为疫情导致很

经济世界里的十万个为什么

多人收入减少,所以政府有责任让这些收入减少的人可以有钱买东西呀。"

"说得没错,但是你只说对了一半。消费券还有个非常大的作用,就是提振消费,促活经济,释放居民消费需求。只有经济发展了,国家才能更好地照顾收入减少的人嘛。"爸爸解释道。

"那我现在没有收入,应该也是需要被好好照顾的,你不反对吧?"Judy说完捂着嘴笑了。

政府发放消费券对于疫情过后助力经济发展具有非常重要的作用。因为新冠肺炎疫情的暴发,很多省市不得不采取全域停止非必要流动的方式来控制病毒传播,这就导致部分企业和商家陷入

第三篇 消费

了经营困境，很多人因此失业。疫情过后，如何帮助这些受到疫情影响的企业和人员，就成了政府必须优先考虑的事情。

消费券的发放，既可以增强老百姓的购买力，又可以助力企业复工复产，进一步拉动消费。

经济世界里的十万个为什么

拉动消费是指通过种种手段让老百姓提前消费或扩大消费。由于拉动消费可以提高大家的消费欲望,迅速刺激经济增长,所以也成为政府常常用来振兴经济的政策。假设说,政府希望拉动汽车、房产领域的消费,还可以规定消费券专用于这两大行业。借助指定使用范围的方式,就能让一些特定行业更快地恢复发展。只要部分关键行业恢复了发展,整个市场也就容易带动起来了。

任何国家和地区都有经济增长缓慢的时候,而要在短期内促使经济恢复增长,可以考虑采用发放消费券的方式来拉动消费。消费券发放后就会很快用于消费,从而直接带动产品销量的增长。除了消

第三篇　消费

费券，产品补贴、减免税收等方式也可以发挥类似作用。比如政府希望对新能源汽车进行专项支持，就可以对某一地区购买新能源汽车的客户提供现金补贴。只要在指定时间段购买某类汽车就可以享受直接的金额减免。这种方式的好处在于可以直接对某一领域的各类企业带来收入增长，让最需得到帮助的领域能够迅速发展起来。

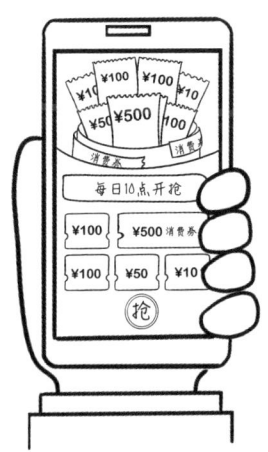

有数据显示，政府每发放1元消费券可以拉动19元的消费。新冠肺炎疫情暴发以来，商超、餐

· 117 ·

经济世界里的十万个为什么

饮、家电、文娱、旅游等行业受到的冲击最大。这些领域不仅消费的人群多，消费总量也很大，而且企业也大多为中小型规模。特定领域的消费券发放后，对这类企业的帮助作用就会非常明显。企业收入增加的同时，也会给整个行业的发展带来信心。有了信心，行业就会加大投入，企业也能够带领员工逐步渡过难关。所以拉动消费最终可以实现从一点出发推动全社会经济的发展。

 财商小课堂

拉动消费可以带动经济增长，使得我们每个人的消费更有价值。打个比方，有同学想利用假期加强锻炼，准备重点练习乒乓球。为了鼓励同学们做好这项运动，爸爸妈妈特意为此购买了乒乓球拍和乒乓球。可一个人在家锻炼会缺乏运动氛围，于是全家协商一致，所有家庭成员各选择一个体育项目开展锻炼。爸爸选择了练习拉力器，妈妈选择了

第三篇　消费

转呼啦圈。借助这种方式，每个人都有了各自重点练习的项目，家庭的运动氛围也就浓了。平时锻炼时，大家开展相互监督，也可以交换彼此的运动器材，还能定期开展不同项目的家庭比赛。尽管家里每个人只购买了自己喜欢的运动器材，但全家人一起锻炼的方式使得这种消费产生了更大的价值。

爸爸你好有钱

"老爸,空调最近总是发出嗡嗡嗡的响声,有点吓人,是不是出故障了?"Judy趴在窗台上向爸爸喊道。

"这个声音好像去年就听到过。可能是因为这台空调已经使用了10年,它的寿命快要到头啦,估计是修不好了。"爸爸无可奈何地回答。

"那我们能换台空调吗?接下来的日子没有空调可不行啊!"Judy关上窗户说道。

"这个建议非常合理,我也认为应该更换空调了。"爸爸回答。

Judy又问:"那你有买空调的钱吗?

第三篇　消费

换台空调大概要多少钱啊？"

爸爸想了想说："估计不到10000元吧。你放心吧，我和妈妈早就准备了一笔折旧款。10年前开始，我们每个月都会存500元到折旧账户里，你可以算算看10年下来有多少钱了？"

"有60000元了呀，足够把家里电器换个遍了。"Judy惊叹道，"爸爸你好有钱啊，那能……能把这些钱存到我的银行账户里吗？"

随着孩子们一天天地长大，家里的各类电器也开始逐步老化。面对这些屡屡出现故障的家电，为了确保安全，最合适的办法就是进行定期维修或及时更换。为了以防万一，很多家庭都会根据

经济世界里的十万个为什么

家里各类电器的使用状态事先准备好相应的折旧款。那么每当需要更换电器时，就可以从相应的银行账户里进行支出了。

第三篇　消费

　　折旧是某件物品在使用过程中逐步产生的损耗价值。比如正常情况下，空调的使用寿命是8～10年，冰箱的使用寿命是10～15年，洗衣机的使用寿命是8年，热水器的使用寿命是6～8年。由于不同家庭电器的使用情况不太一样，所以折旧的情况也就会有所不同。电器使用频率越高，使用寿命就越短，那么就需要给折旧加点速。同理，电器使用频率越低，使用寿命就相对越长，就可以考虑给折旧减点速。

　　折旧早已被广泛应用于各行各业以及家庭的日常生活。每家每户的电器、设备、家具都需要定期折旧，凡是具有使用寿命的东西都需要折旧。大到

· 123 ·

经济世界里的十万个为什么

房屋、汽车,小到手机、皮鞋,都离不开折旧。我们不仅要知道什么东西需要折旧,更要知道如何来折旧。以家用空调为例,假设预期的使用寿命为10年,购入价格为12000元。通过年限平均折旧法就可以得出12000元÷10年÷12月=100元(月折旧额)。平时每个月准备100元投入到专款账户中作为储备就可以了。

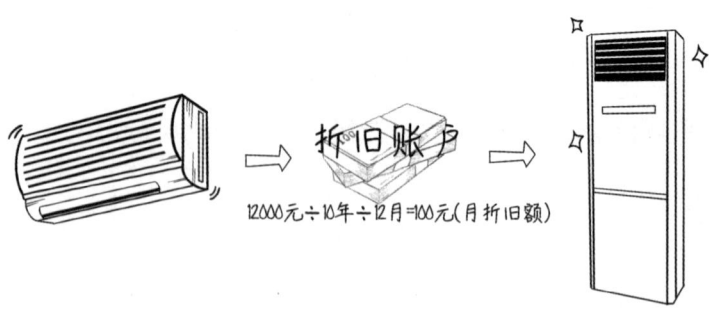

当然在实际生活中,用同一种折旧方法适用不同性质的物品设备并不科学,但同学们现阶段也不需要对于计算方法了解得特别详细专业。只要适度

第三篇　消费

了解折旧的概念，就能帮助我们更好地面对生活中的很多问题。有些设备可能还没有到达预期寿命就已被更换，还有些则可能会超期使用。家里安排一个专款专用的折旧账户就能基本应对各类突发状况和定期的设备更换需求。

物品需要折旧，是因为使用中会出现老化和损耗，而折旧给我们的启示就是任何时候都要在手头保持一笔可以备用的资金。千万不要等到必须要去购买某物时才发现自己钱包里根本没有足够的余钱。所以，当物品仍在使用时，我们就要开始准备折旧款了。

成长过程中，同学们会越来越多地遇到折旧的情况。比如说，家中书橱里的各类书籍。无论是课外书还是教科书，大家看过的书一定会越来越多。要想不断有新书可看，一方面可以和熟悉的同学交

经济世界里的十万个为什么

换着看,另一方面还可以请爸爸妈妈为自己设立一个书籍折旧账户。每本书看完一遍做一次折旧记录,看完十次后就可以请爸爸妈妈为自己的书橱添置一本新书。

不要钱的米

"老爸老爸,有个消息想不想听?保证不是奶茶店的促销活动哦。"爸爸一到家就被Judy堵了个正着。

看到爸爸不说话,Judy只好接着讲,"学校对面有人在送大米,只要每天去店里上课就可以送。连上5天课,可以送鸡蛋;连上10天课就能送一袋大米呢。这个消息是不是很有价值啊?"

"算是吧,但这算是有条件的'送'吧?"爸爸问道。

Judy回答:"其实也不难的,我们班就有同学的外婆去参加了。要不让奶奶也去吧。"

经济世界里的十万个为什么

"我觉得你才是最该去上课的那一个吧!这是免费的午餐,懂吗?"爸爸轻轻捏了捏Judy的脸颊说道。

近年来,侧重养生保健和养老理财的"银发服务中心"越来越多。只要满足年龄条件,就可以免费享受这些机构的各类服务。从保健设备试用、保健品试吃到免费旅游观影等等,可以参加的项目层出不穷。很多项目仅需每天打卡听课,就可以免费获得各类礼品,极大地吸引了老年人的关注。

第三篇　消费

　　免费的午餐是指貌似可以免费获取的东西，其背后往往隐藏着其他方面的付出。针对不同年龄段客户的免费午餐，其形式有很多，但最终目的都是要从客户身上赚取更多的利润。"银发服务中心"前期投入的听课送礼物，就是为了方便后续销售理财产品、养老别墅、保健用品等等。事实上，有很多老年客户因为这些看似免费的礼品而上钩，最终付出了沉重的经济代价。

　　如果可以把顾客看作池塘中的鱼，那么免费就是用来吸引顾客到店的最佳鱼饵。平时，大家一定会遇到种种与免费相关的宣传，比如试吃、试用、试穿、试听、试学等等。但所有的"免费"都是为

经济世界里的十万个为什么

了最终的收费。所以大家在享受免费的同时，也需要知道其背后隐藏的是什么。是作为吸引顾客来购买其推荐商品的手段，还是为了隐藏其骗人钱财的目的。如果仅仅是前者，购买商品时就需要做好价格和质量的多方比较。但如果是后者，那就要考虑尽早退出，不要为了贪图小利而得不偿失。

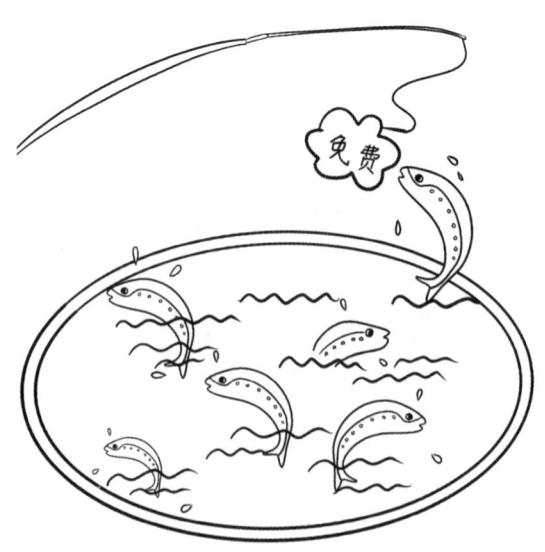

第三篇　消费

　　一般来说，免费的午餐越丰盛，背后隐藏的目的就越要警惕。因为天下压根就不存在真正的免费午餐。商家不会平白无故地来做好事，所以成百上千的赠品背后可能往往就是数万甚至数十万元的陷阱。国家规定，并不是所有的商品都可以随意销售，比如理财产品、住宅别墅、医疗器械、保健品等都有着非常严格的审批制度。所谓的"银发服务中心""财富管理中心"等机构并未取得合法的销售资格，所以消费者需要特别当心。

　　同学和家长们常常接触的教育行业中也会存在免费的午餐这一陷阱。比如，某某培训机构号称在此学习可以让同学们立刻在考试中获得20分至50分不等的成绩提升，并可先行免费试学。又比如，某某学习平台号称可以智能搜题，只要注册就送答题宝典。类似这种夸大宣传、不顾及学生个人情况、承诺在前的营销方式都需要我们分辨信息的真伪，当心受骗上当。没有付出就没有收获，学习中永远不会出现不劳而获的情况。

经济世界里的十万个为什么

  免费人人喜欢，但纯粹的免费却不常有。特别是能够在学习上产生效果的免费午餐更是难觅踪影。所以，与其指望依靠免费的午餐来获得自己的学习成果，不如脚踏实地认真听讲来得实际。千万不要迷信"注册成功免费搜题"这类宣传，不依靠努力和汗水就能获得的答案，永远不是我们所真正需要的。做作业是一个帮助同学们加强练习、巩固知识的过程，需要的是同学们自己动脑思考，查漏补缺。如果依赖于搜题软件，可能会让同学们轻松快速地完成每一份作业，但也剥夺了同学们努力思考问题、真正掌握知识的机会。等到考试时不能使用搜题软件，那么同学们那些还未掌握的知识都将暴露无遗，最后以惨淡的考试成绩收场。

  天下没有免费的午餐这一道理很多人都知道，但往往又希望自己真的能享受到免费午餐的福利，

第三篇　消费

这是人性使然。其实，学习也好购物也罢，都不可能完全免费。家长们也应及时教育孩子，世界上没有免费的午餐，只有辛勤付出才能有更多的收获。与其把时间花在去寻找所谓的免费上，不如把精力用在如何让自己变得更有价值上。抓紧时间卸载掉搜题软件，越早明白其中的道理，同学们就能越早获得由自己的辛勤付出所制作出来的真正属于自己的午餐。

新开了家饭店

　　Judy:"老爸,这里新开了家饭店!"

　　爸爸指着饭店门口的广告牌说:"是哦,装修得好快!今天连广告牌都摆出来了,真是没想到。"

　　"任意消费都可获赠酸梅汤一份。"Judy看着店门外的广告牌,故意念出声来,"他们这个促销活动策划得不错!老爸你觉得呢?"

　　"嗯,是不错。看来很符合你的期待嘛。"爸爸笑着回答。

　　"所以才说去'探店'呀。我可是早就注意到啦!"Judy得意扬扬地说,"里面已经有很多人了,他们家的味道估计

第三篇 消费

会很不错！"

"嗯，如果再来上一份酸梅汤应该会更好。你说对吗？"爸爸心照不宣地问Judy。

Judy立刻找补说："先声明一下，是妈妈喜欢喝酸梅汤，我可是替她先来品尝品尝的。"

活泼好动、贪吃爱玩是孩子的天性，Judy也是如此。每当双休日或是其他节假日，她总会想出各种理由央求爸爸妈妈一起出门逛逛。每次逛街，最吸引她的就是各类餐饮店铺。奶茶、面包、蛋糕等等，恨不得统统打包带回家。饭店门口的各类广告是Judy的重点关注对象，不管新店老店，Judy总能找到进店的理由。

经济世界里的十万个为什么

经济小知识：促销

促销就是商家向消费者传递信息，吸引消费者购买其商品的一种手段。折扣、返现、积分、赠品、抽奖等形式的促销手段，各有不同，但总有一种能够吸引到消费者的关注。通过赠送酸梅汤进行促销，这家新开的饭店已经吸引了许多顾客进店消费，也获得了Judy父女的好感。

第三篇　消费

　　商家要把商品更容易地卖出去，就离不开促销。平时生活中的餐饮、美发、零售、金融等行业都会经常使用促销这一销售手段。每逢节假日或者新店开业，促销活动就会层出不穷，让人眼花缭乱。对于消费者来说，促销活动不仅能够吸引消费者进店浏览商品，更全面地了解商家的产品和服务，还能令大家感受到商家对消费者的重视和关怀。但对于商家而言，促销吸引的可不仅仅是消费者的眼球，更主要的是为了通过增加客流量来增加营业额，获得更多利润。原先小饭店每天的营业额可能只有5000元，但经过促销活动就有望实现每天10000元的营业额。

　　促销的原理，归根结底就是利用了大家讨厌损失的心理。同样的商品，在不同时间段价格不一样，或是同样的价格在不同时间段得到的商品数量

经济世界里的十万个为什么

不同。为了享受到这种不吃亏的好处，很多消费者就会选择提前消费或者重点消费。

　　同学们在进入小学高年级后，逐渐会开始对零食、饮料、动漫书籍等产生兴趣。奶茶店搞周年庆活动、冷饮店做夏季大促销、动漫书买一套送一套等，都能吸引不少同学前去购买。其实，面对各类促销活动，同学们更需要保持理智。先要看看这些商品自己用不用得上，基于自身需求去考虑是否需要购买。其次，还要想想家里还有没有类似的商品，千万不要为了响应促销活动而造成浪费。与此同时，家长们在日常购物消费时，也不要过于强调和依赖所谓的促销。因为有一些促销活动可能是商家为了清理一些滞销的库存商品而策划的活动。家长们如果过度追逐促销优惠，不仅容易因重复购买同类商品造成家中有大量囤货，还可能购买到很多

第三篇 消费

其实并不需要的物品。这样既浪费了金钱，也给孩子做出了不良示范。家长们应该以身作则并教育孩子懂得购物行为需从自身需求出发，在此基础上再关注促销活动是否为我们真正需要的商品带来了价格优惠。只有家长们在日常购物行为中管好了自己的行为，才有可能教育子女保持理性消费。

第四篇
成本

又关了一家店

"老爸,又关了一家店,两个月前我们还一起来喝过免费的酸梅汤呢。为什么好多家店都关门了呀?"Judy显得非常惋惜。

"因为这次疫情封控期间,大家居家隔离的时间比较久,一些小本经营的饭店因为无法正常营业,所以就坚持不下去了,只能关门歇业。"爸爸也感到有点可惜。

Judy还是有些疑惑,追问道:"那现在封控结束了,它是不是又可以重新开业啦?"

"没错,可是你知道开一家店有多

经济世界里的十万个为什么

少地方需要用钱吗？"爸爸掰起手指头数给 Judy 听，"店铺租金、设计装修、员工工资、设备采购、进货成本等等，需要用钱的地方实在是太多了。"

"可是现在重新开业的话，装修、设备、员工也都是现成的呀。如果继续开下去，再做些促销活动吸引顾客，不就又可以赚到钱了？"

"店是可以开，钱也能赚到，但中间有个先后顺序。店铺只有先交了房租，才能继续开店赚钱。可是现在有些店主可能连这些固定成本承担起来也有些困难。"

新冠肺炎疫情不仅会影响人类的健康和生命，也会影响到正常的商业经营。

第四篇　成本

首当其冲的，就是那些小本经营的店铺，小饭店、小超市、奶茶铺、小服装店等等，它们需要依靠每日稳定的客流量来赚取微薄的利润，维持店铺的正常运转。疫情使他们面临经营亏损、辞退员工、房租空转、资金链断裂、信心不足等一系列问题。

经济世界里的十万个为什么

经济小知识：固定成本

固定成本是指企业需要固定不变进行定期支出的成本，无论企业经营好坏，这些成本一定会产生。因此，固定成本比例太高，往往会在一定程度上限制企业的发展。常见的固定成本包括房租、员工工资、管理费用等等。

老爸有话说

对于一家街边小店来说，房租和员工工资基本就是他们最大的固定成本。每个月无论生意是好是坏、客流是多是少，这两项少则数万多则十几万的支出都是雷打不动、无法避免的。所以，固定成本的高低往往也是店铺能否良性经营的重要因素。固定成本比例过高就会让店铺的经营风险变高，风险高到一定程度就会出现经营困难。疫情过后，最先

第四篇　成本

倒闭的店铺通常也就是那些盈利状况不好、固定成本过高的商家。那么，变动成本为什么就没有这么重要呢？

因为和固定成本相比，变动成本可以更灵活地进行控制调整。给外卖平台的广告费用、给员工的提成奖金、促销活动期间送的酸梅汤等等都属于饭店的变动成本。就像疫情封控期间，如果店铺停止营业，那么平台的广告也可以停止投放，自然就不会有这笔费用的支出。同时，员工的销售提成等费用也可以结合店铺的经营情况重新调整。

经济世界里的十万个为什么

  固定成本的概念，其实也可以引用到家庭生活中。比如，每个家庭每个月固定支出的水电煤费用、基本的米面粮油、爸爸妈妈上班通勤的交通费用等，都可以算作固定成本。而不定期的外出旅游、聚餐、人情开支就可以归属为变动成本。两种成本都会自然存在于每个家庭的日常生活开支中，但前者是维持一个家庭正常生活的必要开支，后者则可以提升家庭生活质量，增加幸福感。

  对于同学们而言，每天上学乘坐公共交通所需的费用就属于固定成本，但在小卖铺购买零食和饮料的费用就属于变动成本。当我们需要合理安排支出的时候，我们需要优先考虑那些无法避免的固定成本。在扣除固定成本之后，我们可以再根据零用钱剩余部分的金额来合理计划变动成本。

排队

"这家店门口的队伍好长啊！感觉都有五十人了吧。"爸爸看着小区门口新开的面包店，对于是否要去光顾显得有些犹豫。

Judy扭头看向爸爸："你不是常说街坊邻里的，我们需要多多关照大家的生意嘛！这么多人在买面包，说不定是因为今天还有新店开业的促销活动呢。"

爸爸问Judy："可是这么多人在排队，怎么说也得等上20分钟，你愿意等吗？"

"如果你能把手机借给我让我玩会儿游戏，那我就愿意，嘻嘻。"Judy狡黠一笑。

"那我先考考你！从面包店里出来

经济世界里的十万个为什么

的顾客,人人都拎着一大袋面包,就没有空着手出来的。你说这是为什么呢?"

"一点也不奇怪啊!首先,面包和蛋糕是老少皆宜的食物,可以全家人一起吃。而且,新店开张既有新鲜感,又有优惠活动,或许味道也很不错,大家当然都来买啦。"Judy立刻回答道。

爸爸指了指那长长的队伍说:"除了你刚刚说的那些,就没有别的原因了吗?"

Judy一下子就明白了爸爸的意思,非常肯定地说:"爸爸,我知道你在想什么啦!你是不是想告诉我因为每个进店的顾客都排了超过20分钟的队,已经产生了沉没成本,所以自然不愿意空手而归。上次和妈妈逛街的时候,妈妈就已经教过我啦,哈哈,这次你晚了一步哦。"

第四篇　成本

　　人们在决定是否去做某事的时候，不仅会看这件事情本身能给自己带来什么好处，同时也在计算自己在这件事情上已经付出了多少。这种在时间、金钱、精力上提前付出且无法收回的成本就可以称为沉没成本。

　　去新开的面包店购物，光排队进店就花费了20分钟，这20分钟时间就是顾客已经付出且无法再收回来的沉没成本。为了不让这20分钟的排队时间白白浪费，顾客们都不会空手而归，有些甚至会临时决定增加原先计划购买的面包数量，愿意再多买一些。因为排了长队进店的顾客心里会觉得已经投注在排队这件事上的时间成本，总要想办法从其他地

经济世界里的十万个为什么

方"赚回来",而"多消费一些"就是他们通常选择的所谓"赚回来"的方法,认为这样单位时间成本就会降低。

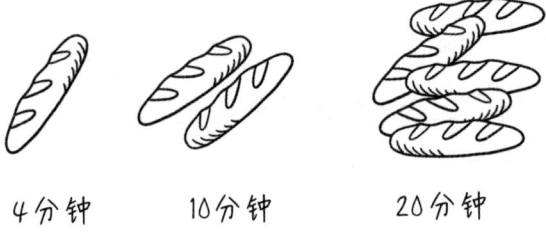

4分钟　　　10分钟　　　20分钟

沉没成本在现实生活中随处可见,去餐厅吃饭要先取号排队,下雨天打车需要等候叫车,企业研发产品要预先投入一笔资金,等等。因为沉没成本本身是有价值的,所以很多时候沉没成本会影响人们消费过程中的选择和判断。有时候,我们甚至还会因为对沉没成本的过分执着而造成后续更大的损失。

当下,家长们总是热衷于为孩子们选择一些课外兴趣班,像是钢琴课、绘画课、舞蹈课等,都希

第四篇　成本

望自己的孩子可以多才多艺，全面发展。孩子们或许因为一时好奇也答应家长们愿意去好好上课，但一时的新鲜感很快就会过去，面对每日重复枯燥的练习，孩子们可能马上就会因为静不下心、吃不了苦而想要放弃。这时，已经为孩子配置好的昂贵的乐器和数百节价格不菲的课程难道就要这样打了水漂？有些家长会因为这样的沉没成本过于沉重而无法接受，所以只能选择强迫孩子继续学习。但是，如果孩子因为缺乏对于金钱付出及沉没成本的认知，并不知道父母为此投入了什么或损失了什么，始终带着不情愿的情绪，也无法全心全意地投入学习。结果往往是学习效果不尽如人意，家长、孩子都感觉非常疲惫。不但没有形成良好的学习氛围，反而有可能堕入恶性循环。

虽然沉没成本无法避免，但我们可以尝试减

经济世界里的十万个为什么

少产生日常生活中不必要的沉没成本。如果有家长计划让孩子去上钢琴课，可以不用急着先为孩子在家中配置好钢琴或者一次就购买大量的课时。可以先给孩子安排几节试听课，并让孩子先在可租用的琴房中练习一段时间，等确定孩子对学习钢琴真的充满热情，并学到了一定程度后再考虑是否购买钢琴。这样，时间和经济上的沉没成本就大大缩小了。

在经济学里，很多事情并不只有"是"和"非"两种选择。消费时，同学们可以运用所学的知识产生更多的发散思维。同样是学琴，可以买钢琴，也可以租钢琴，甚至可以使用琴房的钢琴。办法很多，千万不要被自己过往的经验所局限。尤其现在消费新模式非常多，传统的消费插上网络的翅膀后，成本也在不断降低。针对不同情况的消费事项，运用不同的组合模式，就能节省下更多的沉没成本。

抢车位

Judy看着满头大汗的爸爸,笑嘻嘻地说:"老爸,今天的车位是不是很难抢啊?"

"是呀,今天小区里的车子好像特别多,我可是费了九牛二虎之力才抢到的呢。"爸爸一边回答,一边擦了擦头上的汗珠。

"为什么我们不买个车位呢?你钱不够的话,大不了我'贷款'给你啊。"

"我们小区的车位全都是公共车位,可不是有钱就能买的啊。另外,从使用成本上来说,买车位太不划算啦!"

看到Judy有些不明白的样子,爸爸

经济世界里的十万个为什么

继续解释道:"先来算笔账,现在我们小区的停车位每个月的使用费是150元,一年下来就是1800元。按照居住70年来算,一共需要支付126000元的使用费。"

"那买车位呢?需要多少钱?"Judy好奇地问。

"至少30万元一个,你觉得哪种方式更划算?"

"当然是租车位更便宜,这个价格相差得可不是一点半点啊!"

"不仅如此,买了车位之后,我们每个月还要支付50元的物业管理费。加上这笔钱是不是差距就更大啦?"爸爸补充道。

Judy有些无奈地说:"爸爸,这样看来你还是每天努力抢车位吧。"

第四篇　成本

　　使用成本是消费者在使用商品过程中所产生的各类费用。以汽车为例，汽车价格只是其中的一部分。除此之外，汽车在使用过程中还会产生保险费、汽油费、保养费、维修费、停车费等使用成本，这些费用会在使用汽车的过程中不断出现。

经济世界里的十万个为什么

实际生活中,车位费的使用成本并没有那么简单易算。首先,车位费的使用成本并不会永远不变,每隔一段时间,车位租金就会有所调整,而且上涨的概率通常会更大。其次,如果有人选择了购买车位,也可以在使用一段时间后再将车位卖出或出租。并且,不同小区的车位价格也会有所不同,对于一些高端住宅,购买一个车位的花费甚至可能需要上百万元。所以,计算一个车位的使用成本需要有更多数据信息支持,才能做出更准确的判断。

了解了使用成本这一概念,就可以帮助大家在日常消费过程中做出更好的判断。因为有些商品,除了需要前期购买时的金钱投入,后期的使用成本也不少,比如汽车和住房。另一些商品在后续使用中产生的费用则较低,比如家中的各类电器用品。要衡量商品的性价比,判断某项消费是否值得,需

第四篇 成本

要结合商品在整个使用周期中的使用成本。刚买到手的汽车,许多费用还未产生,但一旦开出家门,汽油费、停车费、保养费、过路费等使用成本就逐步显露出来了。

虽然日常生活中使用成本较高的大件商品通常由爸爸妈妈购买,但同学们是否也曾无意中买到过使用成本较高的商品呢?当我们打开智能手机或平板电脑下载应用程序时,常常会看到"App内购买"这样的描述,这说明即使我们下载这个应用程序时不需要花一分钱,但是我们在使用过程中通常会遇到需要付费才能使用某项功能的情况。又比如同学们比较关心的手机游戏,几乎所有的游戏都需要大家进行充值,这也是游戏公司用来赚钱的主要方式。想要更好地完成游戏里的任务,就需要同学们不断付钱购买装备等。同学们理解了使用成本的概念,在今后的消费过程中就可以学会算两笔账:一笔账是购买东西需要多少钱,另一笔账是使用东西需要用多少钱。

我要住别墅

"既有阁楼又有花园的房子可真不错啊!老爸,我们啥时候也可以买别墅啊?"正在津津有味地看着装修节目的Judy突然说道。

"买房卖房可没你想的那么容易哦,这里面涉及贷款、装修、搬家……很多很多事情呢。"爸爸顿了顿说,"而且,上海市区里别墅很少,即便有钱也不一定能买到呢。"

"那我们就去郊区买,那边肯定有。"

"倒也不是不可以,但有个困难你能克服吗?"爸爸接着说,"假如我们以后住到郊区,每天出门和回家的路程

经济世界里的十万个为什么

就会变得远很多,你上学读书和爸爸妈妈上下班都需要增加不少时间。也就是说,你以后每天的休息和娱乐时间要减少3小时,这样你能接受吗?"

"唉,这增加的时间成本也太多了。"Judy叹了口气,继续看起了电视。

在对购房这样的大额支出没有概念的孩子眼里,可能买房子就像买电视、冰箱一样容易。只需要打个电话、看看图纸、动动嘴皮子就能换个新家。但对于父母来说,辛苦多年的积蓄全部投入到房子上,自然需要反复盘算、衡量利弊。特别是买房卖房有时候还要涉及购房资格、子女入学、老人看病、单位远近等多个方面,不是单纯有一个想法就能马上付诸实施的。

第四篇　成本

时间成本是指消费者为想得到所期望的商品或服务而必须耗费的时间换算成的代价。时间成本是指同样数量的金钱在不同时间会存在价值上的差异。这就好比Judy家买了一套住房，用了1000万元。但房子建完到入住还有1年时间。和购买可以直接入住的房子不同，Judy家的1000万元中就包含了1年的时间成本。在生活中，时间成本往往被用来指为完成某事而花费的时间。

在Judy的眼里，每天3小时的往返时间可以享受别墅的花园和清新空气。在健身爱好者眼里，每天晨跑1小时可以延缓衰老、增强体质。在大自然眼里，10万年的碳酸氢钙滴水可以形成10米的钟乳

· 163 ·

经济世界里的十万个为什么

石柱。这些都属于生活中的时间成本。付出的时间越长，有时候收益也会越多。

投资过程中也是如此，Judy在银行存款的时间越长，银行愿意给付的利率相对也就越高。账户中增加的每一元利息收入，就是银行用来支付使用投资者资金的时间成本。所以，想要赚得更多，最简单的方法就是付出更多的时间成本。尽管Judy现在在银行的存款并不多，但是经过时间的累积，就会开始一点点地多起来。

第四篇　成本

平时总有同学觉得自己的零用钱不够用，恨不得每个月都向爸爸妈妈申请预支下个月的零用钱。于是，很多家长也开始向孩子收取利息，因为爸爸妈妈们的钱也是有"时间成本"的。那么有什么办法可以让同学们既能够获得预支的零用钱，又不用承担利息呢？办法就是和爸爸妈妈商量，用自己在银行里的存款作为预支零用钱的担保。具体可以规定一个比例，比如每1000元存款可以预支50元等，一年可以使用两次这样的权利。这种有担保的借钱，爸爸妈妈就不能再收取利息费用。所以要想借到更多的零用钱，就赶快让自己的存款多起来吧。而家长们也不必所有的事情都大包大揽，可以逐步让子女拥有一定的自主规划零用钱的权利。特别是在很多特定的场景中，可以和孩子们一起设计多种零用钱使用方案，由他们自己去衡量利弊得

经济世界里的十万个为什么

失。比如零用钱的发放可以实行按周和按月两种办法，但两者之间应当体现出时间成本的概念。孩子们在这样的环境中成长起来，将来对时间的价值也就更为敏感了。

便宜的民宿

"端午节快到了,要不带 Judy 出去旅游吧?"吃完晚饭,爸爸妈妈讨论起了旅行计划。

"我们确实好久没有一家三口一起出门旅行了!要不就去莫干山吧,Judy 挺喜欢爬山的,正好也锻炼锻炼身体。"妈妈看了眼正在做作业的 Judy,说道。

"去哪儿玩都可以啊,只是这次我们能住民宿吗?我还一次都没住过呢,非常想体验一下!"Judy 立刻跑到妈妈身边,"我听同学说民宿的价格会比景区的星级酒店便宜,我们三个人去一定很划算。对吧,妈妈?"

经济世界里的十万个为什么

爸爸插话道:"你怎么知道民宿消费就一定比酒店便宜呢?"

"这还不简单,你打开手机里的旅行应用软件,上面标着价格呀。难道住民宿还会隐藏着什么看不到的成本吗?"Judy显得有点摸不着头脑。

爸爸说:"不但有,而且可能还不少呢!不信的话,这次旅行我们来记记账怎么样?"

民宿是指在旅游景点周边以当地民居改建而成的小型住宿设施。和宾馆不同,民宿小而精,崇尚自然与人文的结合,与当地景观及民俗相融合。由于居住在民宿中更能领略当地的民俗民风,且价格相对较便宜,所以深得消费者的喜爱

第四篇　成本

与欢迎。对于有孩子的家庭来说,有时候选择民宿还可以让一直生活在城市里的孩子有机会了解更多的乡村风貌和乡野生活,增长更多的见识。

经济世界里的十万个为什么

消费中的隐含成本是指购买商品或服务过程中那些容易被忽视的成本。通常在消费过程中,消费者需要支付的金额包含了隐含成本和显性成本两种。民宿的显性成本相比宾馆更低,但不代表就没有隐含成本。

很多民宿最大的优势在于身处景点周边,游客可以近距离感受当地的人文风光。便宜的房价、管家式的服务以及各具特色的装修风格,更是让不少游客流连忘返。但凡事总有利弊,民宿规模较小,服务人员较少等问题也是旅行中选择住民宿时需要认真考虑的。多数民宿的餐食、交通费用等都不包含在住宿费用内,需要另外单独收费。此外,还有

第四篇　成本

甜品、酒吧、烧烤、泳池、土特产等民宿常规收费项目。因为，许多民宿都开设在基础服务设施不太齐全、交通不太便利的地方，这又造成了游客们不得不选择在民宿进行其他一系列的后续消费。所以，如果考虑到各种隐含成本，其实也可以得出民宿消费并不一定比宾馆更便宜的结论。

当然，很多游客和消费者也不是不知道民宿的隐含成本问题。只不过民宿可以给大家带来更多不一样的感受。试想一下，近乎24小时的景区内生

经济世界里的十万个为什么

活,不用把时间浪费在旅途奔波之中,难道不令人期待吗?

民宿里的隐含成本,某种程度和不要钱的大米相似,因为天下不存在免费的午餐。只不过隐含成本不容易被消费者发觉,所以会让消费者心甘情愿地付出相应的费用,属于设计巧妙的新商业模式。

现在很多家庭都饲养了宠物小狗,但要养好小狗却并不容易。不但需要准备狗舍、狗粮、小狗玩具等,还需要定期带小狗去宠物店修剪毛发、洗澡、看病和打疫苗。相对于狗舍、狗粮等显而易见的成本,后面那些费用就可以归属为养狗的隐含成本。对于尚无工作收入的同学们来说,目前还不具备能力去消费一些暗含隐含成本的东西。因为很多隐含成本的后续费用远比我们想象的要高。所以为了不让前期的显性成本白白浪费,建议在购买相对

第四篇　成本

陌生的商品前先征求一下爸爸妈妈的意见。可是如果有同学执意要买某件包含较高"隐含成本"的商品，家长又该如何呢？其实，仅仅从费用支出上限制他们的购买行为，作用往往不大，因为在以后的成长过程中，大家还会遇到更多"隐含成本"的陷阱。所以，当难以说服他们放弃购买的时候，爸爸妈妈可以尝试使用延迟享受的办法。和子女约定这类商品包含了很多后续的费用，必须设置两个月的冷静期。如果想要获得，可以等待两个月后再次申请。通过这种方式，让他们明白这种商品不同于普通商品，购买前必须慎重考虑。

飞机还是高铁

"国庆节快到了,Judy 有什么想要去旅游的地方吗?"爸爸问。

"去哪里不重要,反正有好多地方我都没去过,只要有好吃的好喝的就行啦,哈哈。"Judy 表现得满不在乎。

"那可不行,你的意见也很重要。是搭飞机还是坐高铁,是去南方还是北方,快说说你的想法。"

Judy 挠了挠头说:"好纠结啊,我能扔硬币来决定吗?"

爸爸略微严肃地说:"你这是偷懒,不爱动脑筋。很多时候,选择需要自己来把握,做选择前的分析比较也很重要。

第四篇　成本

搭飞机不仅节省时间并且可以领略空中的美景，坐高铁则可以欣赏更多的沿途风景，也是一种收获。每种选择都有利有弊。"

Judy灵机一动："我有主意了，我们先搭飞机后坐高铁怎么样？"

爸爸气得差点就要吹胡子："好个小滑头，又绕回来了！这次旅游，选了飞机就不坐高铁，选了高铁就不搭飞机。这次是个单选题！"

出门旅游是为了放松休闲，对孩子来说也可以行万里路增长更多的见识。有时候去哪里并不重要，重要的是让孩子能够更好地融入到家庭的各项活动中来，调动孩子的积极性一起来规划出游

经济世界里的十万个为什么

计划。让孩子提前了解家长的想法，征求孩子的意见也是活动顺利开展的重要前提。

第四篇　成本

　　机会成本是指在面临两个选项或多个选项需要择一决策时，被放弃的选项中价值最高的那个就是这次决策的机会成本。在旅游过程中，选择了爬山就无法去游水，选择了去宾馆就无法住民宿，游水和住民宿就是一种机会成本。

经济世界里的十万个为什么

　　在去上钢琴课学习钢琴和享受在家玩电脑游戏带来的轻松愉悦之间进行选择。那么去上钢琴课的机会成本就是少享受了电脑游戏带来的放松休闲，在家玩电脑游戏的机会成本则是失去了在钢琴课上学习到新的曲子。在自由行与跟团旅游之间做选择，那么自己规划旅行的机会成本就是少了享受跟团旅行中吃住行都由专业的旅行社工作人员安排妥当的便利，选择跟团旅游的机会成本则是少了自由行中可充分享受旅游的自主权。每一种选择都代表着放弃了另一个选项所包含的成本，即机会成本。

　　机会成本中可包括舒适度、满意度、安全性、经济性等多种因素。Judy今天打算穿裙子去上学，下午老师安排同学们在操场上做游戏，穿着裙子的Judy就无法像其他同学那样尽情玩耍。在这件事情上，牛仔裤的方便性和裙子的优雅美丽就是择一选

第四篇 成本

择可能会产生的机会成本。鱼和熊掌不可兼得,做每一个选择都会有得有失。再好的选择,也都会有相应的机会成本。

机会成本在学习和生活中都会遇到,也让大家明白了没有十全十美的选择。了解其中蕴含的原理后,我们要思考如何使原理能够为同学们所用。好比生日前夕,爸爸妈妈打算为Judy购买一个玩具。尽管有两种玩具Judy都很喜欢,可是在这一刻只能选择其中一个。于是,Judy可以先选择其中一个作为生日礼物。接下来主动向爸爸妈妈提出申请,要求完成某项学习挑战。把完成的效果和第二种玩具进行捆绑,这种挑战可以是背出20首古诗、连续跳绳1000个、期中考试成绩全班前五等等。只要能够和一定的学习过程或学习成果挂钩,爸爸妈妈自然也就愿意同意啦。同样的道理,对于很多家长而

经济世界里的十万个为什么

言,都希望孩子花在学习上的时间可以多多益善,但在休闲娱乐方面却希望给孩子"打打折扣"。这种情况使得一些孩子产生了逆反心理。与其这样白白浪费时间和口舌,还不如先设置一些非常容易完成的目标和奖励。运用这种办法,让孩子先尝到主动学习的甜头,培养他们形成基本的学习习惯。在此基础上,再把特定的奖励与他们的学习效果和态度进行捆绑,最终孩子也就形成了积极主动学习的态度。

第五篇
资源

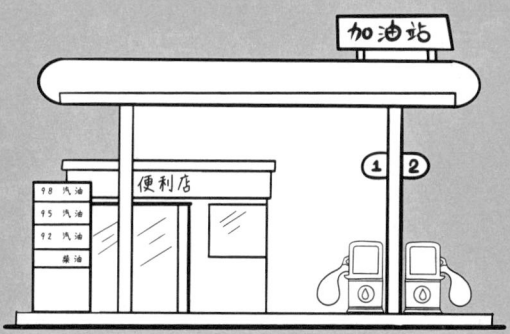

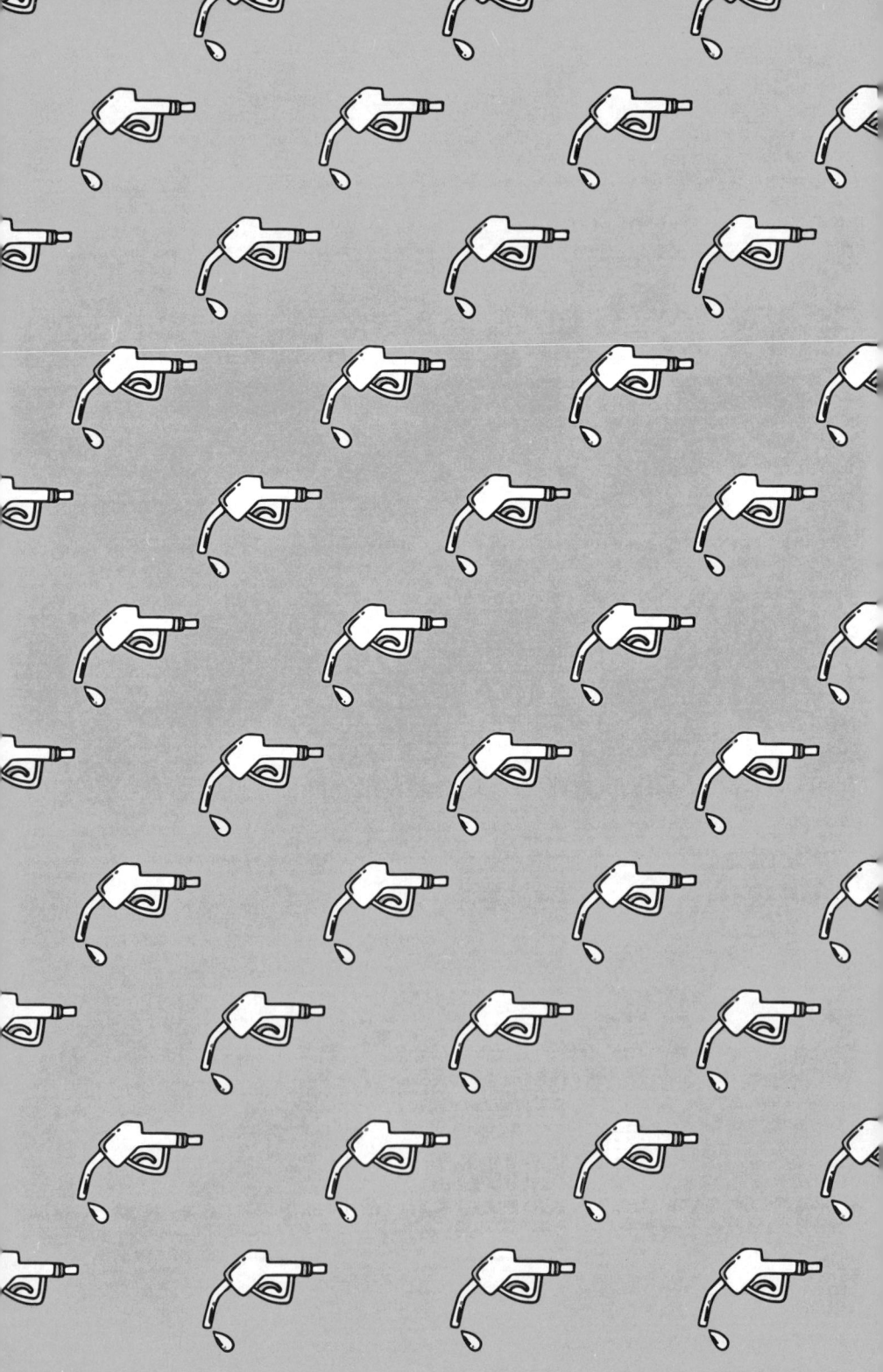

理发店打擂台

"老爸老爸,告诉你个好消息!我们常去的那家理发店对面又开了家新的理发店。有开业优惠活动,你可以去薅羊毛喽!"Judy一到家就急着跑来和爸爸分享喜讯。

"原来是这个好消息啊,我还以为是你考试得了第一名呢!"爸爸一边照了照镜子,一边笑道,"在你眼里,我是不是就只知道薅羊毛啊?"

"没有没有!但你总要剪头发的,对吧?有优惠总比没优惠好,不是吗?"Judy完全是一副关心爸爸的模样。

"新店开业做促销很正常,可你怎

经济世界里的十万个为什么

么知道老店就不会搞活动呢?"

"新店是开业促销,那老店又是为什么要搞优惠活动呢?"Judy接着爸爸的话问道。

"因为新店的'鲇鱼效应'会影响到老店。为了防止客户都跑去新店,老店就不得不做活动来促销啦。不如我们打个赌?如果老店有优惠活动,我请你喝奶茶怎么样?"

Judy:"如果没有呢?"

"30张毛笔字如何?哈哈。"

第五篇　资源

　　鲇鱼效应原意是指往水池中放入一条不停游动的鲇鱼，来激活其他鱼的求生本能。现在也可用来形容市场中个别新入驻商家通过开展各类销售活动来吸引顾客，从而引起原有商家的危机意识，纷纷借助活动来参与竞争的这一现象。新店开张后举行的促销活动，无论是何种形式，对于消费者而言都属于好消息。通过活动，不仅能让消费者得到更多的实惠，还可以让整个市场中的商家都因竞争压力而处于活跃的经营状态中。试想一下，如果社区附近有商铺经常举办活动，那么其他的商铺就会开始担心流失客户。于是为了不失去自己长期积累的老客户，大家就会想方设法地提升自己的服务质量和商品品质。最终，整个市场也会因此而活跃繁荣起来。

经济世界里的十万个为什么

  鲇鱼效应讲的是适当的竞争可以使得资源被更合理利用的道理。以中国零售业的变迁为例，几十年前，零售业主要以小店和专卖店的形式存在，而百货商店在当时已经是一种非常高级的零售场所。然而百货商店里各种商品的类型都比较单一，无法

第五篇 资源

满足顾客的个性化需求。而且营业人员繁多、人员冗杂，顾客需要分别在不同的商品柜台结账，购物效率较低。随着国内零售市场的进一步开放，"鲇鱼"出现了。沃尔玛和家乐福等外资零售巨头在20世纪90年代为中国市场带来了大型超市这一零售形态。其面积大、货品多，价格却更便宜，采用开放式的货架，为消费者提供装载商品的手推车，并采取一次性统一结账的方式，为消费者带来了更多的选择和便利。再后来，24小时便利店以及电商平台等"鲇鱼"逐步出现，渐渐开启了当下线上线下相融合的新零售时代，使得消费者得到了越来越多的便利。从中我们可以看出，鲇鱼效应可以为我们带来行业的革新、进步与发展。

如果Judy居住的社区附近只有一家理发店，那么理发店在缺乏竞争的状态中就会渐渐故步自封，甚至还有可能降低服务质量、抬高服务价格。但如果有新的竞争者出现，或许就可以充分发挥出鲇鱼效应的作用。新店通常会通过在服务种类、服务质

· 187 ·

经济世界里的十万个为什么

量、服务价格、店铺环境等方面胜过老店的方式来吸引顾客。而老店为了继续生存下去，往往也会使出浑身解数来留住顾客，减少客户的流失。这样一来二去，鹬蚌相争渔翁得利，顾客们就会得到更好的服务和更实惠的价格。当理发店的整体质量都得到了提升时，它就能吸引到比原先更多的顾客去店里消费。当顾客对于理发店的服务越来越满意时，理发店还可以开拓更多种类的服务供顾客消费，比如修眉、化妆、美甲、美睫等等，从而进一步提升营业额，赚到更多的钱。这种情况就是鲶鱼效应带来的消费者和商家的双赢。

同学们可以多多观察在我们的日常购物消费过程中，善用鲶鱼效应是如何为我们带来更多福利的。以购买物业服务为例，当下物业费已成为各家各户每个月都不可避免的一项费用支出。物业服务

第五篇 资源

包含房屋及公用设施的管理维修、绿化养护、保洁服务、公共秩序维护等等。然而，小区业主与物业公司之间却总是因为物业服务的不到位而产生许多矛盾。因为物业服务是一项长期的、非一次性使用的服务，小区业主与物业公司之间往往也是一种多年的长期合作关系，所以有些物业公司在提供了几年服务后，渐渐开始消极怠工、工作态度敷衍，引起业主的诸多不满。此时为了自身利益不受侵害，我们就可以运用鲇鱼效应，成立业主委员会或引进楼长机制对物业服务进行监督，更可以开展物业招标，也就是为小区多引进几家物业公司，在进行服务比较后再重新选择一家最好的。

跳绳比赛

"老爸,学校下个月要组织跳绳比赛,你是不是很期待我的发挥啊?"Judy手拿跳绳,准备去公园里练习。

"看来有人已经迫不及待啦。我非常期待你能在比赛中大展身手。"爸爸一如既往地鼓励道。

Judy似乎早已胸有成竹:"跳绳可是我的拿手好戏,我一定会在这次比赛中发挥出色!"

"你在跳绳方面有优势不假,但比赛靠的不仅是练习基础,还要看你的临场发挥能力。你能确保在赛场上面对其他班级的高手,也能保持良好心态正常

第五篇　资源

发挥吗？"爸爸婉转地提醒Judy。

Judy笑着回答："老爸，你放心吧。我一定在比赛前勤加练习，在比赛时保持平常心，争取拥有'绝对优势'！"

每个同学都有各自擅长的领域——学习、运动、才艺、家务等等，而Judy擅长的就是跳绳。不仅擅长，而且自己也很喜欢，常常在班级的跳绳活动中崭露头角。这次学校在全校范围内组织跳绳比赛，无疑可以发挥出Judy的项目优势。

经济世界里的十万个为什么

绝对优势又称"绝对利益",是指在某一商品的生产上,一国比其他国家的生产效率更高的优势。跳绳方面,Judy在班级中具备了绝对优势。也就是说,在同一时间段内,Judy跳绳的投入产出比最优。

正是因为有绝对优势的存在,国与国之间、地区与地区之间才会存在贸易。比如,浙江义乌在小商品生产制造方面就拥有由原材料优势、物流优势和劳动力优势等综合起来的绝对优势,对于国外很多地区来说,到义乌采购商品不仅种类齐全,而且价格也非常便宜。要想小商品买得好、买得快还能买得便宜,最好的选择就是去浙江义乌。正因为

第五篇 资源

义乌把绝对优势发挥到了极致,因此在全世界享有"小商品王国"的美誉。

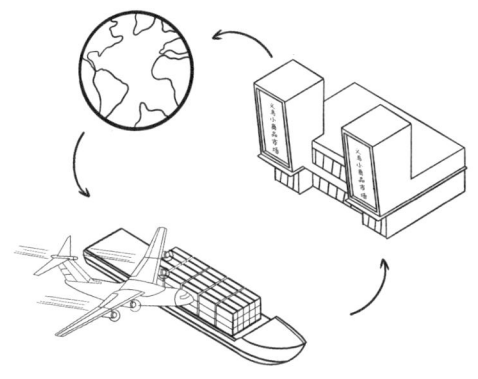

虽然中国在某些领域具备了绝对优势,但一些高科技产业还是与发达国家存在明显差距。大家所熟悉的航空发动机、高端光刻机、工业设计软件等,中国就需要到有绝对优势的国家进行采购。这些国内没有或者不具备优势的资源,往往只好接受国外昂贵的售价。

一个国家不可能在所有方面都具备绝对优势,

经济世界里的十万个为什么

所以往往会竭尽全力保持住现有的优势，并争取在其他落后领域缩小与先进国家的差距。同学们在学习中也会遇到类似的情况，每个人都会有各自的优势。一些优势经过持续努力就可能成为绝对优势，而另一些尚不具备优势的，就要设法迎头赶上。Judy在跳绳方面具备班级中的绝对优势，说明她灵活好动、经常运动。如果能把这种在体育竞技中争强好胜的劲头运用到学习上，也可以形成一种学习上的助力。

同学们已经知道没有人或国家在所有领域都具备绝对优势，所以大家都必须借势而为。比如，中东地区国家石油资源特别丰富，欧美国家的科技实力非常强劲，而东亚地区国家的绝对优势就是人民勤劳能干。不同国家、地区的优势资源整合在一起，就能生产出最好的产品，创造出巨大的价值。

第五篇　资源

由于国家和国家之间总是在不断交换彼此拥有绝对优势的商品和服务,于是贸易就随之产生了。贸易能够促进全世界生产要素的自由流动和资源的合理配置,有利于世界各国产品的交流、丰富市场商品的多样性,满足不同国家消费者的需求,提高国民生活质量。此外,贸易还能增加税收,促进企业发展,增加就业岗位,拉动消费,促进经济发展。同时,贸易过程还伴随着各国之间不同文化的交流,使各国人民能够学习不同的文化,认识文化多样性,提高文化水平。

贸易的核心就是交换。在日常生活中,同学们也需要互通有无,通功易事;认识到人无我有,人有我无,通过与朋友或家人之间的合作配合,达到资源的最合理配置,逐渐提升自己各方面的优势。

油价涨了

Judy爸爸说:"老婆,等会儿出门后提醒我要去加油。"

Judy妈妈回道:"又要加油啦!最近油用得好快啊!"

"是呀,车子天天都在市区开,油耗肯定高啊。"说起加油,爸爸立刻抱怨了起来,"还好Judy奶奶家边上的加油站油价还算便宜,否则一直这样下去,开销也太大了。"

"老爸,为什么中国油价这么贵啊?"Judy顿时来了兴致,凑了过来。

"因为中国经济发展太快了,石油满足不了大家的使用。资源不够用,所

第五篇 资源

以价格就贵呀。"爸爸解释道。

"据我了解,中东地区的石油还是不少的。在那里,汽油可能比水都便宜!"Judy 煞有介事地复述播报了一遍新闻内容。

"说得没错,这就是资源禀赋。"爸爸点点头说道,"每个国家都会有自己相对丰饶的资源。中国虽然人均石油量不多,但我国各类资源总量大,水能、太阳能和煤炭资源分别居世界第一、二、三位,稀土资源也很丰富。所以一定要用好这些资源为国家创造更大的价值。"

随着汽油涨价,很多拥有私家车的家庭都感受到了经济上的压力。中国尽管也生产石油,但国内车多人多,平均

经济世界里的十万个为什么

下来还是远远不够。由于自然资源天然形成，基本无法改变，所以国家近几年也开始大力发展新能源汽车了。通过这种方式，就可以绕过那些并不具备资源禀赋的领域，实现弯道超车。

第五篇　资源

资源禀赋又称要素禀赋，是指一国拥有的各种生产要素的丰歉，包括劳动力、资本、土地、技术、管理等方面。不同的资源在不同的国家可能丰裕，可能稀缺，因而也造成了资源价格的不同。说起资源禀赋，大家很容易联想到天资禀赋，通常被用来指某一方面具备的天生优势。由于自然资源是天然形成的，所以短期内很难直接改变。就像中东国家在石油领域具有资源禀赋，同样，中国在土地、人口、海洋领域也具有相应的资源禀赋。

在中国，尽管资源种类多，总量也不少，但再多的资源被14亿人口占用，也就显得不太够用。这就是新闻中常说的总量巨大，人均不足。为了让国

· 199 ·

经济世界里的十万个为什么

家发展得更好，老百姓日子过得更舒服，必须引进国外有禀赋的资源，所以石油、天然气、煤炭等产品就会源源不断地从国外引进到国内。最终，这些资源经过再次生产，就会以商品的形式出现在每家每户，帮助大家实现共同富裕。

前面所讲的这些资源，在中国因为不够用，所以价格通常会比较高。但在另一些国家因为用不完，所以价格相对会比较低。同样的道理，石油在中东国家属于资源禀赋，但那里却气候干旱、淡水稀少，因此淡水在当地属于稀缺资源，价格反而比石油还高。于是很早就有聪明的商人利用中东国家缺水、多油的资源特点开始赚钱了。他们先是把中东国家的石油用船运往缺油的国家赚上一笔，然后把海水淡化装置卖给有了钱的中东国家。就这样来来回回，中东国家依靠石油过上了好日子，这些商人也发了大财。

第五篇　资源

几乎在每个班级中，大家都能发现有些同学身材高大，非常适合打篮球；而另一些同学娇小灵活，跳起绳来格外得心应手。和班级里的同学们各有才能一样，中国的各个省市地区也有类似的资源禀赋。西部地区地广人稀，阳光充足，矿产资源丰富。东部地区人口稠密，交通便利，河网密布，物产富饶。或许这些资源并不一定都具备了绝对优势，但却也是与生俱来的资源禀赋。为了利用好这些资源，不少地区都会重点发展相关的特色产业。比如，新疆地区利用风能和太阳能发电，东北地区盛产大米和木材，广东和海南地区拥有众多美食和旅游资源等。

经济世界里的十万个为什么

利用好自身的资源禀赋,加强资源开发利用规划,强化资源加工环节,重视资源的综合利用,就能将资源禀赋的优势最大化。

同学家的充电桩

"爸爸,我们班好多同学家里都买新能源汽车啦!我们家什么时候也能换上新能源汽车呀?"

"我也想换新能源汽车啊,可是我们没办法安装充电桩呢。"看着Judy有些不解的样子,爸爸又补充道,"我们社区的车位都是公共停车位,个人是无法申请安装充电桩的。"

Judy继续追问道:"停车位不都是用来停车的吗?公共停车位有什么不同吗?"

"在我们社区,所有的停车位都是公共停车位,属于公共资源。国家规定公共资源不为某个人或者某个企业组织所拥有，大家都有自由利用这些资源的权利，所以个人也就无法申请安装充电桩啦。"爸爸耐心解释道。

"这可怎么办，难道我们家就永远不能买电动汽车了吗？"Judy有些沮丧。

"其实，最简单的办法就是能获得政府部门批准，对有需求的社区统一安装公共充电桩。这样就可以解决车主个人申请不了的问题啦。"

近年来，新能源汽车已经成为很多家庭购买汽车的首选。电动车环保科技，而且节省开支，非常适合作为家庭里的代步工具。但使用电动汽车需要考虑充电的问题，而很多社区并不具备安装充

第五篇 资源

电桩的条件,所以这也导致了不少家庭买车容易充电难。

经济世界里的十万个为什么

公共资源是指那些属于全体社会成员共同拥有的资源。公共资源最大的特点就是不为个人或企业所有，即便再有钱，也无法独自占有。土地、学校、医院等都是公共资源，Judy所在社区的停车位建设在公共用地上，因此也属于公共资源。

公共资源是一个国家的重要组成部分。每个国家和地区都会有各类不花钱或者花很少的钱就能拥有的公共资源。试想一下，城市里的地铁、公交是不是为大家的出行提供了便利？军队、警察是不是保卫了人民的生命和财产安全？学校和图书馆是不是为我们提供了获得知识的场所和机会？有了公共资源，人们才能把时间精力更好地运用于社会的创

第五篇　资源

新、建设和发展。

但公共资源的价值并不仅仅体现在人们可以免费使用这些资源，更体现在这类资源可被反复利用。就以安装充电桩为例，Judy同学家在自家的产权车位上安装了一个，可能平均每三天才会充一次电，于是充电桩大多数时间都没有很好地利用起来。不仅是充电桩被浪费了，连这个车位也是多数时间白白空着。但如果社区里的车位全部都是公共车位，这样就能为更多的车子提供停车机会。如果把这些车位全部都装上充电桩，这样有电动汽车的居民就都可以来使用，极大地提高了充电桩及车位的利用率。

经济世界里的十万个为什么

  同样是资源，公共资源利用率就会更高，使用的人也会更多。这也是国家会大力发展公共资源的原因。由国家来规划公共资源的建设和管理，既能够最大程度地利用好这些资源，避免资源浪费，也能够最大程度地满足大家的需求。当然，现在社区居民不能在公共停车位安装充电桩并不是公共服务出了问题，而是因为现在新能源汽车的发展太快了，一切公共设施都还在持续规划建设中，所以只要合适的时机一到，国家就一定会推出相关的政策，大家不用担心公共资源会被闲置浪费。

  在日常学习与生活中，同学们一定要学会利用好公共资源。就比如很多同学假期间，与其独自在家中天天看电视、玩游戏打发时间，不如报名参加社区文化中心的免费托管班，在那里不仅可以免费使用健身房、图书馆，还可以在专职老师的指导

第五篇　资源

下完成各项学习任务。有些条件较好的社区文化中心，还能够为同学们提供就餐服务，爸爸妈妈在外工作也就可以更为安心，不用担心同学们独自在家中无人照看。类似社区文化中心的公共资源其实还有很多，例如少年宫、科技站、图书馆、文化馆、社区健身角等，能够满足同学们生活中的多种需求。多数具有教育功能的公共资源会采用免费或象征性收费的方式，安全和质量上都有很好的保证。相对于公共资源的大而全，也有些爸爸妈妈更偏爱小而精，比如给孩子安排一些课外补习班、艺术培训班等。其实，这种方式不是不好，但还是需要结合自己孩子的具体情况来安排。但如果家庭经济条件并不是特别宽裕，建议先充分利用好身边的公共资源，等到公共资源已经难以满足孩子成长需求时再考虑使用其他资源来进行补充。

垃圾要分类

　　正在厨房洗碗的Judy妈妈对Judy爸爸说:"老公,下星期开始,社区规定要实行垃圾分类,我已经准备好了分类垃圾桶。"

　　爸爸点了点头说:"没想到这么快就要实施了。顺便和Judy也说一下,大家一起来参与。"

　　"放心吧老爸,我早就看过社区门口的宣传板啦。"客厅里传来了Judy的声音,"但你们谁能告诉我,垃圾分类了之后,接下来会怎么处理呢?我问了奶奶,但她回答不上来。"

　　爸爸回答说:"这是个好问题,你

第五篇　资源

是担心虽然垃圾分了类,但垃圾车还是会把分类后的垃圾倒在一起收走是不是啊?"

"对呀,那我们不是白分类了吗?"Judy答道。

"垃圾分类只是第一步,接下来就是分类运输和分类处理,被收集到转运站的垃圾经过分拣,可回收垃圾被二次加工利用,不可回收的垃圾根据种类的不同进行分类处理,最终是为了对垃圾进行资源回收再利用,所以完全不用担心你会白白付出劳动哦。"

经济世界里的十万个为什么

资源回收又称资源回收再利用（或循环再造），是指收集本来要废弃的材料，分解后再制成新产品，或者是收集用过的产品，清洁、处理之后再出售。就比如日常生活中的废纸，最常见的处理方式就是扔进垃圾桶，但也有很多人会选择集中起来送去进行废纸回收。这样不仅可以减少垃圾的制造，还能变废为宝，节省大量的木材和纸浆，减少原料的消耗。

资源回收再利用可以节约资源、保护环境，是一种物资不断循环利用的经济发展模式，因为具备可持续发展的特性而成为全球潮流。人口多的城市，电力需求和垃圾产量往往也会非常大，于是很

第五篇 资源

多地方就想出了焚烧垃圾进行发电的方法。通过对城市生活垃圾的资源化利用，既减少了垃圾，又增加了电量，从而实现资源的更有效利用。因为并不是所有的垃圾都可以用来进行焚烧发电，于是政府就号召大家进行垃圾分类。借助分类处理，干垃圾通过焚烧方式发电，湿垃圾可生成沼气来发电，还有些不能用来发电的有毒垃圾则单独进行无害处理。这样就实现了有效的资源回收再利用。

经济世界里的十万个为什么

  垃圾变废为宝给我们的启示是：那些看似无用的废弃物或闲置物品，只要用对了地方就是宝贵的资源。生活中这样的例子随处可见，比如有些家庭住在顶楼，每年夏天都非常炎热，屋顶和天台除了晾晒衣物和堆放东西，没有别的用途。其实，如果地方政策允许，完全可以利用屋顶安装太阳能光伏板和太阳能热水器。除此之外，在小区的电梯间投放广告、将空置房屋对外出租、闲置物品二手转让等都属于资源的有效再利用。这样不仅可以减少资源浪费，还能为我们带来一定的经济效益。

第六篇
投资

买基金

"Judy，昨天让你算算自己存了多少钱，算得怎么样啦？"爸爸问道。

Judy开心地回答道："早就算好啦，加上妈妈帮我保管的，一共12405元。"

"那有什么打算吗？"

"买文具啊，还有嘛……嘻嘻，你懂的。"Judy舔了舔嘴，笑着回答道。

爸爸摸了摸Judy的脑袋说："这么多钱不会都用来买奶茶吧？有没有想过做点更有价值的事情呢？"

"我还会留出一部分来买书呀。"Judy一副心中早有盘算的样子。

"Judy，你知道'基金'是什么吗？"

经济世界里的十万个为什么

Judy 瞪大眼睛摇了摇头,十分好奇。

"基金就是把大家的资金集中起来,由专业人士帮助理财的一种投资工具。妈妈最近就买了基金,需要给你也投资一点吗?"爸爸提出了自己的建议。

Judy 有些担心地说:"可是我不懂投资呀,万一钱变少了怎么办?"

爸爸说:"投资确实不能保证收益,也有可能造成亏损。你看这样好不好?我和妈妈为你提供保证收益。赚了全归你,赔了由我们来承担怎么样?"

"嗯……那我得考虑考虑,然后再问问妈妈的意见。"

随着孩子的长大,家长们不仅需要帮助孩子树立正确的消费意识,更要帮

第六篇　投资

助其逐步养成投资意识。现在的孩子不仅可以拥有远超父母小时候的财富，还可以借助各类投资渠道让这些财富发挥出更大的价值。当然，我们并不是倡导从小就让孩子们去炒股投资，而是要让孩子从小就开始了解投资的意义。通过培养科学的财富管理意识，不断提高自己的财商。

经济世界里的十万个为什么

把钱用于买基金和存银行等投资就是为了获得更多的资金回报，也就是收益。可是大家往往会担心投资失败，造成资金损失，也就是亏损。所以，有些投资产品就会设立保证收益，由投资机构按照合同约定向客户提供承诺的收益。在为Judy买基金的事情上，爸爸相当于行使了投资机构的角色。只要基金赚到了钱，Judy就可以获得相应的收益。万一基金投资失败，爸爸也会承担相应的补偿责任，确保Judy的收益至少与银行存款一致。

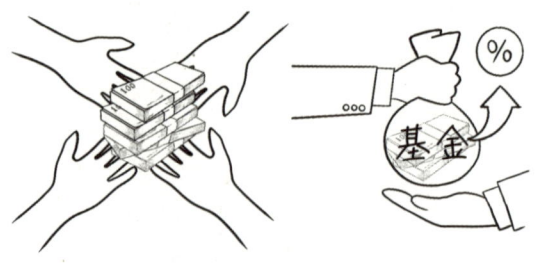

第六篇　投资

借助保证收益的模式，家长们可以让孩子提前享受到投资理财所带来的财富增长。俗话说，你不理财，财不理你。想要让自己的生活过得越来越好，就要像Judy妈妈一样善于投资理财。借助知识的力量让自己的财富不断地增长。同样是10000元钱，放在家里不会产生任何收益；存入银行，一年后就会产生150元的利息收入。这就是投资带给我们的回报。特别是随着年龄的增长，投资者接触到的投资品种和投资渠道也会更多。越早科学投资，就越有望获得更好的收益回报。

同时我们也需要明白，并不是所有的投资结果都会令人快乐。不少投资品种风险较高，如果我们不能承受任何的资金损失，就不适合投资风险较高的投资品种。尤其是未成年人投资者，投资本身更适合作为财商启蒙的手段，收益多少反而是次要

经济世界里的十万个为什么

的目的。家长们的适度引导,既能够让孩子领略到理财的快乐,又能够及时帮助其树立科学的理财观念和风险意识。通过保证收益的方式,就能够更大程度地让孩子体会到投资的风险性和科学决策的重要性。

如果孩子没有风险意识,只看重收益,家长则需要及时进行正面引导;而太过保守的孩子往往又缺乏探索意识和创新精神,家长也需要探究其内心深处的想法。所以,借助投资理财可以及时了解孩子的风险偏好。获悉了孩子的风险偏好,就能够在可控范围内对其成长进行更有效的指导。

同学们的未来世界丰富多彩,而开启世界的钥匙就掌握在自己的手中。所以,大家可以在爸爸妈妈的指导下逐步建立起自己的财富规划。比如,在零用钱和压岁钱的管理上,可以借助一些适当的理

第六篇　投资　

财工具,来逐步学习如何更好地管理自己的资金。透露个小秘密,目前我国的存款和国债都是有保证收益的,所以同学们大可不必担心资金和收益的安全问题,这两种投资方式可是比把钱放在家里可靠多了呢!现实生活中,有的同学希望既能享受保证收益的安全感,又能获得高额收益的满足感。但事实上这种愿望很难实现,因为鱼和熊掌往往不能兼得。当前阶段,未成年人的投资理财还是应该以确保安全为主。对于实在渴望获得高收益回报的同学,大家也可以先和爸爸妈妈玩玩理财类的沙盘游戏。提前在理财游戏中经历风浪,体会到保证收益的重要意义。

送报纸

"老爸,老师说我们暑假有一项作业是'体验生活'。你觉得我去报社帮忙送报纸怎么样?"看到爸爸正在看报,Judy突然冒出了个主意。

"想法不错,但实现起来有点困难。现在国内的报纸可全部都是邮局在负责配送呢!"

"报社为什么不自己送?"Judy似乎有些不死心。

"你可别小看这一份薄薄的报纸,每一天的配送量可是大得很呢。举个例子,有个报社要为读者提供晨报的订阅服务。现在读者分布在10000个社区,

第六篇　投资

你觉得需要有多少人来送报？是不是至少需要100人？可如果这些社区分布在全市呢？是不是1000人也未必够用，对吗？这么多的人力成本，报社如何负担呢？"看到Judy饶有兴致，爸爸合上报纸，认真解释道。

"那为什么邮局就可以配送呢？"Judy还是有些不解。

"因为邮局在配送业务上已经拥有'规模效应'啦。"

为什么报社会选择邮局来派送报纸？先来看看邮局已经形成的规模效应吧。全市每个社区都有对应的邮局，每个邮局都有很多的邮递员。这样一来，车辆、库房、人员、线路等问题都解决

经济世界里的十万个为什么

了。邮递员们在寄送信件、快递、包裹等业务上再添加一项送报业务即可。对于订阅用户数量经常变化的报社来说，全靠自己的员工来投递，不仅费用昂贵，而且效率也很低。所以，邮局拥有了报社无法比较的规模效应。每天1000万份配送量的邮局和每天10万份配送量的报社相比，当然是邮局的优势更为明显。

第六篇　投资

规模效应又称规模经济，是指规模增大后带来了经济效益的提高。只要达到了一定规模，就可以为企业带来很多好处。报社员工去社区送报每次只能送出10份报纸，大量时间都浪费在了路上。但邮递员去一个社区可以同时帮10家报社送报，并且还能完成信件、快递、包裹等多种物品的投递，规模效应变成了规模优势。

表面来看，通过邮局来派送报纸是为了利用邮局的订阅系统和投递队伍来满足报社的服务。但事实上这些事情，所有的报社都能够做，问题在于报社的派送业务可能非常分散，特别是发展初期，几乎无法依靠自己的力量来完成派送。10000个订阅

经济世界里的十万个为什么

报纸的人,分别住在2000个社区,运输和投递都有很多的问题。而且,报纸的时效性很强,必须在规定的时间段内完成派送。这个时候,拥有全市派送能力的邮局就成了最好的选择。而且,事实上,依靠规模效应,邮局的配送费用往往比报社自己送更低。

邮局本身也依靠着规模效应,逐步完善了自己的投递队伍、配送站点、品质管理、仓储运输等。

第六篇　投资

邮局的派送实力在规模效应的助力下，在国内不仅名列第一，更是唯一。正是靠着无与伦比的规模优势，邮局能够完成信函、报纸、杂志、快递、包裹等传统的派送任务，甚至还担负起了蔬菜、水果、鲜花、化肥等物资的配送业务，这就是规模效应带来的价值体现。

生活中自然也少不了规模效应的存在。原先Judy手头有3本书，所以就放在家里自己看。如果Judy有了30本书，那么不但自己可以看，还能列成清单和同学们交换着看。但如果有一天Judy拥有了300本书，这个时候就可以把家里的书房变成一个小型图书馆，请同学们来家中参观借阅啦。所以，规模大到一定程度后，就能帮助我们实现更大的价值。生活里的规模效应，当然也可以应用到投资领域中。未成年人在财富管理上常常会产生小富即安

经济世界里的十万个为什么

的心理，尤其是面对自己拥有的压岁钱、奖学金等，很多同学更愿意选择用这些钱去进行消费，并不具备很强的储蓄和理财意识，所以爸爸妈妈们可以借助阶梯式的理财收益方式来提高孩子们的理财兴趣。比如按照100～1000元、1001～5000元、5001元及以上等区间为孩子们提供不同档次的理财收益。资金规模越大，给到的收益利率就越高。不同于银行存款的到期结算，爸爸妈妈们可以把这些利息按月返还给孩子们作为日常的零用钱。这样既可以培养同学们的理财意识，也可以让大家对于规模效应在投资中所起到的作用有个初步的了解。

股市大跌

"老公,股市连着跌了三天。我们新买的基金也跟着跌了呢!"Judy妈妈焦急地看着Judy爸爸。

"这就是市场规律呀,哪有只涨不跌的基金呢。"Judy爸爸倒是显得比较平静。

Judy妈妈道:"可最近跌得实在太厉害了呀,上半年的收益全部跌完啦!"

"老妈,你帮我买的基金也跌了吗?你们说好给我保证收益的,要说话算数哦。"听到股票大跌,Judy也显得有些紧张。

"早就帮你查过啦,你投资的基金一直很赚钱哦,你就放心吧!"爸爸安

经济世界里的十万个为什么

慰着Judy。

Judy一脸惊讶地说:"不会骗我吧!为什么妈妈的基金跌了,而我的基金却能赚钱呢?"

爸爸说:"因为基金也分有很多种类啊,不过能够始终赚钱的基金可不多哦。之所以你的那款基金表现一直很优秀,原因之一就是基金经理都非常善于运用逆向思维。"

投资过程中有涨有跌本属于再寻常不过的事情,但面对损失,很多人都会觉得难以接受,从而因为一时的情绪波动影响了判断和决策。而许多优秀的投资者却不同,他们依靠逆向思维做出了与普通投资者不同的选择。

第六篇 投资

逆向思维,也称求异思维,是与多数人存在一定差异的思维方式。投资市场特别讲究逆向思维,有的人注重短期收益,那么逆向思维就是去关注长期收益。有的人把资金集中起来形成规模效应,运用逆向思维就会倡导分散投资、分散风险。

逆向思维不是指在所有的选择上都和别人不一样或者相反,而是指能够观察到与常人不同的思维角度。很多人都听说过卖茶叶蛋的大妈的故事。证券公司营业部门口有个摆摊大妈,平时营业部门口人来人往,大妈就靠卖茶叶蛋赚钱;股市大跌,营业部门可罗雀时,大妈就自己进营业部买点股票。股市行情大好时,大妈赚卖茶叶蛋的钱;股市行情

经济世界里的十万个为什么

不理想时,大妈就抄底股票靠炒股赚钱。这个故事讲的就是逆向思维。股市涨了,大家就一窝蜂地去买股票,结果就是买到手的股票都很贵,所以想要赚到钱,其实并不一定容易。但股市跌了,很多人又把手里的股票卖掉,害怕亏损更多。然而,善用逆向思维的人可能就在这个时候买到了便宜的股票,等待着下一个涨幅。

大家都知道股票需要高抛低吸,也就是逢高卖出逢低买入。但知道如何做的人多,知道什么时候

第六篇　投资

做的人少。因为并不是所有人都知道什么时候值得买入，什么时候又该卖出。往往只有具备一定逆向思维的投资者，才能注意到常人观察不到的角度并做出科学的选择。所以，如果想要取得比普通人更好的投资成绩，学会逆向思维就尤为重要。

逆向思维的关键在于观察。很多同学平时都喜欢购买漂亮的文具，但善于观察的同学就会注意到，同一件文具在不同时间，价格可能会有所不同。比如刚开学的时候，多数同学都会一窝蜂地去购买新学期需要使用的文具，所以文具价格自然就会比较高，即使多买一些也没有优惠。但随着时间推移，学期快结束的时候，文具的价格就会有所下降。所以如果我们运用逆向思维，就可以在学期快结束的时候去购买下一个学期需要用到的文具，做好提前准备，这样就可以避免在开学时买到价格较

经济世界里的十万个为什么

高的文具啦。除了这个规律,我们还可以发现学校附近的文具店因为购买的学生很多,所以价格普遍较高。相反,那些离学校稍远的文具店,因为购买的人少,所以价格常常很便宜。因此,我们不仅可以跟着大多数的同学一起去学校附近的文具店购物,也可以多走几步去距离远一点的文具店看看。没准同样的一盒水彩笔,却可以给同学们省下半杯奶茶钱呢。

汽车保险

"又是汽车保险,今天已经是第5个啦。"挂了电话,Judy爸爸忍不住抱怨道。

"老爸,我们家的汽车保险一年要付多少钱啊?"

"贵倒是不贵,4000元出头一点。"

"那如果保险公司要赔钱的话,可以赔多少呢?"Judy好奇地问道。

爸爸回答道:"这要看出险的具体情况和责任判定,一般赔付从几千到几百万元不等吧。"

Judy又问:"那如果车辆出了事故,保险公司岂不是会亏很多钱?"

经济世界里的十万个为什么

"假设保险公司只有一位客户,一旦出事,确实会亏很多钱。但往往保险公司都会有很多很多的客户,这样就不容易亏损了,因为不是每位客户每年都会出事故呀。"担心Judy听不懂,爸爸继续解释,"任何事情的发生都会有个概率。客户数量越多,这个概率就会越稳定。保险公司根据这个概率来制定价格,自然就不容易亏钱了。"

"所以客户越多,保险公司赚的钱也越多喽?"Judy盯着爸爸问道。

"那当然,前提是保险公司得根据大数法则来制定保险的价格。"

每到投保车险的时间,总会接到很多的电话。打这些电话的可能是来自不

第六篇　投资

同的保险公司的业务员，也可能是同一家保险公司的不同业务员。由于汽车保险属于国家规定的强制保险，只要车子还在开，就必须购买保险。而保险公司为了早日收到客户的保费也会反复拨打客户电话，直到客户购买为止。但对于客户来说，正因为要衡量不同保险公司的服务和价格，所以往往也会花时间反复地衡量比较。

经济世界里的十万个为什么

在人们的生活中,很多事件都围绕着一个相对稳定的数值而发生,比如某地明天下雨的概率是80%,比如中国男性在65岁前罹患某种癌症的概率是18%。只要我们统计的同类事件足够多,这个概率就会保持相对准确。这种通过大量统计来提供准确判断的方法,就称为大数法则或大数定律。

在生活中,一个人罹患大病的概率和一辆车发生碰撞的概率都会有相对固定的数值。虽然不同的地区和年代,这个数值会有所变化,但相对而言不会有特别大的偏差。假设某家保险公司只有一个客户,那么这个客户发生了车祸,事故率就是100%。但保险公司并不能由此就得出这个地区车险客户的

第六篇　投资

车祸事故率就是100%。但假设该保险公司有10000个客户,这个时候保险公司的事故率就会更接近于整个地区的事故率。那么保险公司也就可以根据大数法则来精准地计算出应该收取的保费价格了。

　　除了保险,大数法则还适用于抛硬币、掷骰子等游戏。抛起硬币,正反面的概率应该各为50%。但如果只抛1次、2次,结果可能会和50%相差甚远。但是继续抛下去,100次,1000次,就会离50%这个数值越来越接近。所以,大数法则可以帮助我们更好地计算概率问题。尤其是天气问题、交通问题、运动问题等,都和大数法则密切相关。学会了其中的道理,就可以更好地驾驭自己的人生。

经济世界里的十万个为什么

学习中也会存在大数法则。同学们参加一次考试的成绩会有偶然性，比如题目的难度、个人的状态、事前的准备等等。但是如果同学们每周都要参加考试，等考过10次之后，平均成绩就会更接近大家的真实水平。同样，30次，50次，结果就是无限接近，甚至完全体现出同学们的实际情况。所以，偶尔的一次好成绩固然值得表扬，但唯有很多次都获得了较好的分数才是真实状态的反映。

了解了大数法则，同学们就可以更好地将其应用到平时的生活中。比如从Judy家出发去学校的路线有两条：A路线稍长，但经过的红绿灯较少；B路线稍短，但经过的红绿灯较多。如何来计算哪条路线更合适行走呢？由于每次行走遇到红灯的次数是不一样的，所以学懂了大数法则，就可以帮助大家找出这个问题的答案。每天轮流按照两条路线上

第六篇　投资

下学，分别把所需要的时间记录在表格里。一个月后，再分析不同路线的平均时间就能得出一个相对精准的答案啦。坚持的时间越长，答案的准确度就越高，大数法则也就为大家节省时间做出了贡献。

　　类似这种经过大量统计来验证答案准确率的方法，不仅在生活中经常可见，在投资理财中也能用来为大家提高收益。彩票的中奖号码、基金的盈利率、股票的合理估值等都可以借助大数法则来进行计算。现在大数法则可以帮助同学们在生活中节省时间，将来就可以在投资中为大家创造更多的收益。

排队会上瘾

"老爸,今天晚餐有熏鱼吃哦。我和妈妈排了好久的队才买到的,是不是值得点个赞?"Judy一进家门就急着想得到爸爸的表扬。

"是该好好谢谢你,今天是怎么想到要去买熏鱼的呢?"

"还不是妈妈看到别人排队就凑过去看,结果足足排了一个小时呢!"

爸爸听完笑着说:"Judy,你有听说过领头羊吗?"

"知道呀,今天我们是去领头鱼啦!"说罢Judy使劲嗅了嗅装在袋子里的熏鱼。

第六篇　投资

"羊群中的头羊身后总会跟着羊群,头羊去了哪里,羊群就像上瘾似的跟到哪里。今天排队是买熏鱼,所以我们晚上可以吃到熏鱼。但如果今天排队买的是烤鸭,估计晚上我们就可以吃上烤鸭啦。"说罢,爸爸顺手接过了装鱼的袋子,"还是挺香的,我们今晚也算有口福啦!"

"羊群效应嘛,我早就知道了。"Judy压低了声音说,"告诉你吧,其实今天我是故意带老妈往队伍这边走的。"

平时生活中,大家一定会看到很多排队的现象,饭店排队、超市排队、游乐场排队等。但之所以要去排队,并不一定是因为我们需要某件物品。有些时候,仅仅因为别人在排队,也会让我们

· 245 ·

经济世界里的十万个为什么

萌生排队的想法。这就好比羊群中的领头羊站着不动,后面自然就会跟着一群听话的绵羊。至于领头羊为什么不动,最前面有些什么,已经不再是大家关注的重点了。

第六篇　投资

经济小知识：羊群效应

羊群效应也称从众效应，可指集体中个体的从众跟风心理。羊群往往是一种很散乱的组织，平时常常盲目地左右冲撞。然而有一只领头羊行动起来后，就会对其他羊产生巨大的影响，因为其他所有羊都会不假思索地跟随其后一哄而上，丝毫不顾及前面是否有狼群。在投资领域中，有些投资者常常会如羊群一样根据其他投资者的行为来改变自己的投资行为。从众心理很容易导致盲从，从而使自己陷入骗局或遭遇失败。

经济世界里的十万个为什么

羊群效应可以使得企业在"头羊"的帮助下获得更多的关注,进而卖出更多的商品。但事实上,并不是所有"头羊"的选择都是正确的。有些"头羊"出于自己的个人偏好选择购买了某种商品,可适合"头羊"的商品未必就一定适合其他"羊"。举例来说,现在不少电商平台都可以看到诸如探店、试吃等介绍。这些由个人推荐的视频和网文,实实在在地影响了很多消费者。消费者在羊群效应的影响下进行购买消费,但往往这些商品并不一定真正适合自己。

还有些时候,企业可能会特意雇用一些"头羊"来误导消费者。看似某店门口排队的顾客很多,看似不时有人在网上推荐该商品,但这些顾客并非真正的顾客。这些所谓的网红商品和其他的普通商品可能也没有特别大的区别。所以,消费者需

第六篇　投资

要警惕羊群效应对自己造成消费误导。尤其是那些知名度很低、价格却又很高的商品，一旦买错很容易退货无门，给我们造成较大损失。

除了在普通商品的购买上，消费者要谨防羊群效应影响到自己的正确判断，还要警惕投资领域中的羊群效应。假设投资市场上新出来一种叫"宇宙货币"的投资品种。由于大家之前都没听说过，也不知道该怎么去投资，所以根本就没人把钱投进去。可是一天，有位很知名的投资专家却说这款产品非常好，建议大家抓紧购买，于是很多人就在"头羊"的带领下把钱投了进去。其实，这款产品可能就是骗人的，所谓的专家也和骗人的商家是一伙儿的。

同学们家中一定有不少弃之可惜、放之无用的鸡肋物品吧。要想自己购买的商品买得值、用得好，就必须有自己的科学判断。避免人云亦云、人

经济世界里的十万个为什么

买亦买的最好办法，就是在购买前对商品进行深入了解，多看多问。有条件的还可以向身边已经购买过的人求证。确实认为是自己需要的产品，也可以等上几天确认不是冲动消费后再进行购买。商店门口排队购买的人再多，也不等于这家店的商品就是大家所需要的。现在很多同学外出购物都是家长进行付费，所以往往会缺乏商品性价比这一概念。尤其是当羊群效应出现后，从众心理会让我们不再进行过多的思考，不管对错先买了再说。比如外出游玩，很多景点都会有富含当地特色的玩具产品。有些同学看到别人在玩，往往就会要求爸爸妈妈也去购买，但对于这些玩具通常也就三分钟热度，回家之后基本也就丢在一边了。所以同学们可以事先与爸爸妈妈约定好，临时增加的购买计划需要由同学们自行承担一部分的费用。如果能够接受，就从零用钱账户中扣减，这样就可以让同学们保持更多的购买理性。

不吃亏的余额宝

"老公,我把最近手头多出来的钱全放到余额宝了。"爸爸和Judy刚到家就看到妈妈正在挥舞手机示意。

"可以呀,真要用钱拿出来也挺方便的。"爸爸点点头说道。

"老爸,什么是余额宝?我能买吗?"Judy跟在后面悄悄问道。

"余额宝是种特殊的基金,即便只有很少的钱,也可以去进行投资。如果你打算买的话,可以把钱交给妈妈,让她帮你代买哦。"

"别的基金都希望投入的钱越多越好,为什么这只基金钱少也能买

经济世界里的十万个为什么

呢？"Judy 有些疑惑不解，"难道他们不希望产生规模效应吗？"

爸爸耐心回答道："基金当然希望产生规模效应，但是这只基金也在追求长尾效应。"

余额宝是可以通过手机 App 购买的一种货币基金，其最大的特点就是起售金额非常低，哪怕只有几百元也可以购买。投资者随时可以借助手机办理申购和赎回，不同于其他基金，余额宝利用了长尾效应来实现规模效应。

第六篇　投资

　　所谓长尾效应，是指当把各种零散的、个性的需求看作是尾巴时，这条长长的尾巴往往能够汇集起比头部更大的需求。多数基金，都是希望每名投资者投入的资金越多越好，但这样也就容易忽略普通投资者的投资需求。余额宝由于追求的是长尾效应，所以反而汇聚起了远超其他基金体量的资金规模。

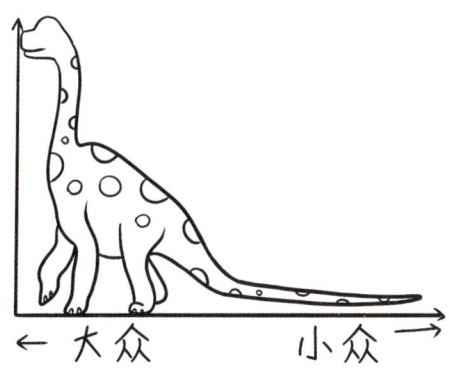

经济世界里的十万个为什么

在很长的一段时间里，酒类的使用者基本都是男性。所以只要一说到酒，大家想到的都是男性消费者。但最近几年，市场上陆续出现了很多针对女性消费者研发的酒类产品。这些酒体积小、度数低、包装精美、款式繁多，非常好地迎合了女性对酒类的消费需求。就像长尾效应中的尾巴，针对女性特质进行个性化定制的女性酒已经在酒类消费中占据了一定的市场。像这样利用长尾效应在市场中发现新商机，成为新赢家的例子还有很多。当越来越多的消费者开始从购买畅销品转向更具个性化定制的产品时，那些通过寻找独特的需求、偏好，或不同于整个市场的特性来创造产品的生产者就会脱颖而出，在竞争激烈的市场中另辟蹊径，取得成功。

第六篇　投资

在现实生活中，很多投资者并没有几万或几十万元的资金，更多的都是每个月省下来的几百、几千元的闲钱，这些钱甚至还要满足这周买进下周卖出的需求。这些钱如果用来投资，可能很多基金产品完全不符合这种个性化的需求。但余额宝的出现，就给了大家提供了这种多样化的选择。类似Judy这样只有几百元、几千元的小额投资者就可以

经济世界里的十万个为什么

参与进来了。长尾效应的基金不仅能支持一次只买几百元的客户,还能满足客户一个月多次购买的需求。这样一来,原来很多客户一年买一次基金,现在就可能变成了一周一次。

同学们购买商品时是不是常常感觉难以选择?总觉得眼前的商品离自己想要的还差那么一点,并没有与自己的需求完美契合。其实,这种犹豫的背后就隐藏着长尾效应。10000名同学可能会有10000种需求,每个人的想法都不一样。但往往商铺里的商品最多只能放下300种,这时候选不出称心如意的商品也就在所难免了。而网络购物恰恰能够弥补这一不足。在互联网购物平台上,商品的数量与种类皆不受限,有符合大众期待的常见品类,也有为小众需求所准备的个性化商品。同学们只要根据自己的喜好设置搜索条件,就能淘到成千上万

第六篇　投资

种各具特色的商品，这样比单纯从一两家商铺中寻找符合自己期待的商品就显得容易多啦。

图书在版编目（CIP）数据

经济世界里的十万个为什么 / 马口铁著. -- 北京：北京联合出版公司, 2023.5
ISBN 978-7-5596-6730-4

Ⅰ.①经… Ⅱ.①马… Ⅲ.①经济学－少儿读物 Ⅳ.①F0-49

中国国家版本馆CIP数据核字(2023)第038444号

经济世界里的十万个为什么

作　　者：马口铁
出 品 人：赵红仕
选题策划：杭州蓝狮子文化创意股份有限公司
责任编辑：周　杨
特约编辑：应卓秀
装帧设计：袁　园
插画设计：王雨奇

北京联合出版公司出版
（北京市西城区德外大街83号楼9层 100088）
北京联合天畅文化传播公司发行
北京美图印务有限公司印刷　新华书店经销
杭州真凯文化艺术有限公司制版
字数110千字　880毫米×1230毫米　1/32　8.5印张
2023年5月第1版　2023年5月第1次印刷
ISBN 978-7-5596-6730-4
定价：52.00元

版权所有，侵权必究
未经许可，不得以任何方式复制或抄袭本书部分或全部内容
本书若有质量问题，请与本公司图书销售中心联系调换。
电话：010-65868687　010-64258472-800